붉은 용에 의해
삼켜지는 한국과
임박한 휴거

차 례

프롤로그

처참했던 6.25 전쟁을 생생히 체험했던 저는 현재 급진 전되고 있는 남북 간의 평화에 참으로 통탄하고 있습니다. 북한은 6.25 전쟁 이래로 적화통일의 혁명을 완수하겠다는 야욕을 절대 버리지 않고 있으며, 이제 마침내 혁명을 완수 할 수 있는 때에 이르렀다고 흥분하면서 더욱 더 철저한 위장전술에 공을 들이고 있는 것입니다. 그들은 대중을 세뇌 시키는 고도의 심리전을 주 무기로 사용해 왔는데, 지난 평창올림픽 동안 그들이 펼친 〈우리는 하나다!〉의 전략에 말려들어 한국인들은 철저히 세뇌되었고, 이번 남북정상회담으로 인해 이제 전쟁은 한반도에서 종식되었고 평화가 찾아오며 통일도 곧 실현 될 것으로 믿는 환각상태에 빠지게 된 것입니다. 그러나 하나님을 믿는 우리 성도들은 인류역사가 잔머리를 굴리는 인간들의 하기 나름에 따라 이루어지는 것이 아니라 하나님이 인류에게 주신 말씀에 의해, 하나님의 뜻에 따라 이루어지는 것임을 명심해야 하는 것이며, 육신의 눈으로 보기에 먹음직하고 보암직한 것을 따름으로 타락했던 전철을 절대 반복해서는 안되는 것입니다.

마귀는 삼위일체 하나님께 도전하기 위해 바벨론 때로부터 니므롯과 세미라미스와 담무스의 삼신일체 우상을 숭배하게 했던 것이고, 이집트에서는 이시리스와 이시스와 호루스의 삼신일체 우상을 숭배하게 했던 것인데, 결국은 태양신으로 루시퍼를 섬기게 하기 위함이었던 것입니다. 그런데 북한에서는 김일성을 태양으로 섬기고, 김정일을 광명성으로 섬기면서, 3대의 김정은을 포함 삼신일체로 신격화하고 있는 것입니다.

북한은 6.25 전쟁 때로부터 오늘날까지 크리스찬들을 멸절 시키는데 앞장섰고, 평양 대부흥의 중심지였던 장대현교회 자리에는 김일성의 우상이 서 있는 것입니다. 그러므로 마귀에게 사로잡혀 있는 북한이 아무리 육신의 눈으로 보기에 평화를 추구하는 것처럼 보여도 이는 다 거짓의 기만인 것입니다. 예수님께서는 도적이 오는 것은 도적질

하고 죽이고 멸망시키려는 것뿐이라고 말씀하셨습니다. 그러므로 거짓과 기만의 아비인 마귀의 권세 아래서 평화는 절대 이루어지지 않는 것이며, 오직 평화의 왕이신 예수님이 다시 오셔야 진정하고도 영원한 평화가 이루어지는 것입니다.

그리고 말씀은 오히려 평화와 안전을 말하고 있을 때 홀연한 멸망이 임한다고 기록하고 있는 것입니다. 현재 이스라엘과 이란 사이의 지역적 전투가 치열하게 벌어지고 있고, 특히 미 대사관의 예루살렘 이전으로 종교충돌이 발생하고 있어 곧 전면적으로 확전 될 것이며, 그렇게 되면 3차 대전으로 악화될 것임으로, 아무리 한반도에서 평화를 추구한들 도미노처럼 터지게 되어 있는 것입니다.

지금은 계시록의 네 말들이 맹렬히 달려 나올 시점인데, 절대 평화가 올 리가 없는 것입니다. 천지는 없어질지언정 말씀은 일점일획도 없어지지 아니하고 다 이루어지는 것이며, 말씀은 창세기 1장 1절로부터 오늘 날까지 정확히 다 이루어졌고, 계시록 22장 21절까지도 다 완전하게 이루어지는 것입니다. 영적전쟁은 말씀의 전쟁으로서, 오직 말씀만을 절대적으로 믿고 붙들어야 살 수 있는 것입니다. 지금은 요한계시록 12장에 기록된바, 출산 될 아이를 붉은 용이 삼키고자 벼르는 때인데, 세상과 짝하고 벗하면서 영적 눈이 가려진 대다수 한국교회는 이제 붉은 용에 의해 그만 삼키어질 위급한 위경에 처해 있는 것입니다. 〈역사로부터 배우지 못하는 민족은 망한다〉라는 격언도 있고, 〈깨닫지 못하는 백성은 패망하리라〉라는 호세아의 말씀도 있습니다. 하나님은 한국교회와 우준한 이 민족을 통해 하나님의 절대적인 말씀만을 붙들지 않을 때 얼마나 비참한 불행을 겪게 되는지 전 세계에 하나의 표본으로 보이게 될 것입니다.

주님께서 시급히 이 책을 펴내도록 인도해 주셨습니다. 저는 이스라엘을 10차례나 다니며 때를 연구하고 상고하여 전하는 사역을 감당해 왔습니다. 현재 유튜브에 올려져 있는 저의 작품들과 수많은 동영상들이 그 진실성을 입증해 주고 있습니다. 그러므로 종교적인 신앙으로 닫혀져 있는 마음의 문을 활짝 여시고 이 책을 읽어 주시기 바랍니다. 임박한 휴거를 놓치면 환난기에 남게 되며, 육신의 죽음뿐만 아니라 영혼이 영원한 멸망에 떨어지게 될 수도있는 상황에 직면하게 됩니다. 지금은 실로 갈림길에 서 있는 위급한 시점입니다. 아무쪼록 잘 깨달으시고 준비되시어 승리하시기를 기원합니다.

"내가 속히 임하리니 네가 가진 것을 굳게 잡아 아무나 네 면류관을 빼앗지 못하게 하라" (계시록3장10절)

2018년 5월 15일

부산에서   저자 올림

Chapter 1
사도행전 9장 22절을 받다

저는 1943년 평안북도 강계에서 출생했습니다. 경관이 매우 뛰어난 곳이어서 김일성과 김정일의 별장이 있다고 합니다. 저는 기억이 없습니다. 그 후 평안남도 중화군 양정면 대내리에서 살던 중 해방을 맞던 해에 남하했다고 합니다. 38선을 넘기 전 로스케에게 체포되었으나 기적적으로 풀려났다고 합니다. 서울 서대문구 충정로 3가에 살았는데, 바로 집 앞이 충정교회였고, 아버님은 장로님, 어머님은 권사님이셨으므로 교회에서 살다시피 했습니다. 미동 국민학교 다닐 때 6.25 전쟁이 터졌습니다. 전쟁 발발 3일 후 인민군들이 탱크를 앞세우고 서울 시내로 진격해 들어왔습니다. 아버님은 장로셨고, YMCA에서 직책을 맡고 계셨으므로 공산당의 체포를 피해 천정에 숨어 사셨습니다.

미군과 국군의 반격이 시작되면서 B-29와 전투기의 폭격으로 서울은 불바다가 되었습니다. B-29 수백 대가 햇빛에 반짝이며 북한으로 날아가는 광경은 장관이었습니다. 인천상륙작전으로 폭격이 더욱 심해지자 동네주민들은 하수도 안에 다다미를 걸쳐 놓고 살았습니다. 인천상륙작전에 성공한 미군들이 북아현동 고개를 넘어 우리 동네로 들어왔습니다. 주민들은 맨홀 뚜껑을 열고 그들을 환영했습니다.

그 때 흑인들을 처음 보았습니다. 치열한 시가전이 벌어졌고, 서대문 일대에는 어디를 가든 처참한 시체들이 쌓여 있었습니다. 민병대가 조직되어 미처 도주하지 못한 인민군들과 공산당원들을 가가호호 뒤지며 인민군을 색출했고, 그들을 어디론가 끌고 갔습니다. 국군과 유엔군이 북진해 올라가면서, 사람들은 통일이 곧 될 것인양 흥분했습니다.

그러나 중공군의 개입으로 다시 밀려 내려왔고, 1.4 후퇴 때 우리 가족은 트럭의 한 모퉁이에서 모두 부둥켜 안고 밤낮을 달렸습니다. 대구 방촌의 한 미군부대 근처에서 잠시 피난생활을 하다가 다시 부산으로 내려가 천마산 아래

완월동에서 피난생활을 이어갔습니다. 저는 방파제 바로 옆에 세워진 남부민피난학교에 다녔는데, 현재 그 자리에는 부산비치호텔이 자리 잡고 있습니다. 처절했던 피난시절의 기억들은 지금도 생생합니다. 휴전협정이 체결되고, 9.28수복 후 서울로 다시 올라와 미동국민학교 5학년으로 복학했습니다. 저는 국민학교 다닐 때부터 영화를 좋아해서, 아현극장에 몰래 들어가곤 했습니다, 당시에는 변사가 대사를 읊어주는 무성영화가 상영되던 때였습니다. 저는 집에서 걸어 다닐 수 있는 서울중고등학교에 들어갔는데, 지금은 그 자리에 서울시립미술관이 들어서 있더군요. 당시는 경희궁터여서 환경이 매우 좋았습니다. 뒷동산의 숲 속에서 많은 시간을 보내곤 했지요. 중고등학교 시절 연극반과 합창단에서 활동했고, 예술제에서는 독창으로 가곡 〈숭어〉를 부르기도 했습니다. 저는 여전히 영화 마니아였으며, 당시 서울고등학교 학생들은 해외견학을 하시고 돌아오신 김원규 교장 선생님의 배려로 〈스포츠머리〉를 하게 되어 극장에 드나들기가 수월했습니다. 바바리코트를 가방 속에 넣고 다니다가 방과 후 교복 위에 걸쳐 입고 영화를 보러 다니곤 했습니다. 어느 날은 아예 학교가 아닌 극장으로 등교해서 하루 종일 한 영화를 보기도 했습니다. 당시는 한 건물에 한 영화관만 있었고, 한 영화만 상영했으며, 좌석제도 아니었기에, 한 회가 끝난 후 화장실에 잠시 숨어 있다 다시 나와 얼마든지 영화를 계속해서 볼 수 있었습니다. 현재 종로 3가의 서울극장 자리에 세기극장이 있었는데, 〈북북서로 진로를 돌려라〉가 당시에 하루 종일 보았던 영화였습니다.

서울고등학교 시절에는 정동감리교회를 다녔고, 학생회 회장도 지냈지만, 신앙심은 깊지 않았습니다. 대학진학을 놓고 무슨 과를 택해야할지 고민하고 있을 때 마침 서울미대에 속해 있던 미학과가 서울문리대로 이전되어 문리대에 들어가게 되었습니다.

입학 후 서울대학교 연극반에서 활동하게 되었고, 이순재 선배님과 김지하 선배님을 비롯해 후에 유명인들이 되신 분들과 어울렸으며, 실험극단과도 연계되어 활동했는데, 당시 함께 활동했던 분들은 거의 모두 유명 탤런트들이 되셨습니다. 대학 3년이 되면서 ROTC 제3기 학군단에 지원했고, 졸업 후 광주 상무대에서 3개월간 훈련을 마치고 소위로 임관되었습니다. 당시 상무대의 한 내무반에서 함께 훈련을 받았던 황용현 목사님과는 그 후 절친한 사이가 되었습니다. 소위로 임관되어 육군 제15사단으로 배치되었고, 대성산 기슭의 육단리에 위치한 50연대 3대대에서 근무했습니다. 당시는 무장공비들이 자주 넘어오던 때여서 많은 날들을 공비색출작전으로 대성산 속에서 보내곤 했습니다. 당시 처음 휴전선 일대에 목책을 설치하는 공사가 시작되었고, 참으로 애굽의 노예를 방불케 할 만큼의 고된 군대생활을 보냈습니다. 제대 6개월을 남겨 놓고는 연대 정훈장교로 발탁되었습니다. 정훈장교의 임무는 16미리로 축소된 극영화가 들어 올 때마다 각 부대를 순회하며 상영해 주는 것이었습니다. 발전기가 올라가지 못하는 고지대 부대에는 그림틀을 만들어 가지고 올라가 제가 변사 역할을 하면서 배경음악도 틀어주는 원맨쇼를 하기도 했습니다. 제대를 앞두고 ROTC 장교들에게 말뚝을 박게 하라는 상부의 명이 내려왔는데, 저에게도 종용이 있었지만, 사회에 나가 영화를 하려는 저의 열정을 군대가 막을 수는 없었습니다.

제대를 하자마자 저는 꿈에 그리던 충무로 영화계로 뛰어 들었습니다. 당시 명성 높았던 유현목 감독의 연출부 기록으로 들어가 4작품에서 조감독 생활을 했는데, 당시 작업했던 황순원 원작의 〈카인의 후예〉는 김진규, 문희, 박노식, 장동휘 등의 배우들이 출연했고, 그 해의 대종상 작품상을 수상하기도 했습니다. 그러나 당시 동시녹음도 하지 못했던 충무로의 낙후된 환경에서 경력을 쌓기 보다는 해외에 유학하여 영화를 정식으로 공부해야겠다는 열망을 갖게 되었습니다. 마침 이모님이 LA로 이민가셔서 자리 잡고 계셨음으로, 그 지역의 영화과가 유명한 학교를 알아보게 되었고, 그리하여 UCLA 영화과 대학원에 입학허가를 받게 되었습니다.

당시에는 대한항공이 없었고, 영국의 BOAC 전세기가 취항 할 때여서, 그 항공편으로 하와이를 거쳐 LA로 들어 갔습니다. 1968년 9월이었습니다. 연기자 하명중씨의 형님 되시는 하길종 선배가 대학원 코스를 밟고 있었고, 함께 어울리며 가까이 지냈습니다. 저는 일단 충무로에서 현장 경험이 있었기에 공부하는데 많은 도움이 되었습니다. 대학원을 다니면서도 충무로와 계속 관계를 유지했고, 두 편의 한국영화를 감독하기도 했습니다. 한편 할리우드에서 저예산 미국 독립영화도 두 편을 감독했습니다.

그럴 즈음 좋은 기회가 찾아 왔습니다. 〈재미영화인협회〉라는 단체가 있어 종종 참석을 했었는데, 어느 날 영화에 상당한 관심을 갖고 있던 코메디언 쟈니윤씨가 참석했고, 서로 알게 되면서, 영화를 한편 만들어 보자고 의기투합하게 되었습니다.

그분은 당시 쟈니 칼슨 쇼에도 여러 차례 출연하는 등 잘 알려진 편이어서, 자신이 투자자를 영입했고, 미국 코메디 작가들을 규합하여 〈They Call Me Bruce〉(그들은 나를 브루스라 부른다)라는 시나리오가 완성되었으며, 제가 감독하여 영화를 완성시켰습니다.

그리고 〈Film Ventures International〉이라는 배급사에 의해 미국 전국의 극장에서 개봉되었으며, 대 히트를 치게 되었습니다. 저나 쟈니윤씨나 대성할 꿈에 부풀어 있었습니다. 그런데 그만 배급사가 막대한 이득을 모두 챙긴 후 도주해 버리는 불상사가 발생했습니다. 충격이 컸습니다. 당시 부모님이 이모님의 초청으로 미국에 이민 와 사셨는데, 부친의 간경화가 간암으로 악화되어 오렌지 카운티 다우니에 있는 란쵸병원에 입원해 계셨습니다. 저는 자주 찾아뵈며 병상을 지켰는데, 얼마 견디지 못하시고 하늘나라로 가셨습니다. 예상치 않은 이 두 충격적인 사건은 모태신앙에 의해 교회 뜰만 밟았던 저의 신앙이 마침내 영적인 눈을 뜨게 되어 주님을 만나게 되는 거듭남의 체험을 갖게 되는 계기가 되었습니다. 강력한 성령님의 임재를 체험하였고. 시도 때도 없이 눈물 콧물을 흘리며 깊은 하나님의 은혜를 체험했습니다. 제 나이 40세가 되던 해에 주님이 저를 Calling해주신 것이었습니다. 그러나 워낙 세상 영화속에 깊이 빠져 있었기에, 은혜를 받았으면서도 두 주인을 섬기는 이중적 신앙생활은 한동안 계속되었고, 그 후 더욱 강도 높은 시련에 의해 결국 두 손 다 들게 되었으며, 세상 영화를 포기하면서, 주님이 주신 달란트로 주님의 영화만을 만들기로 서원하게 되었습니다.

은혜를 받으면서 크리스찬 TV 채널인 TBN을 즐겨 시청하게 되었는데, 유대인 크리스찬 랍비인 졸라 레빗(Zola Levitte)의 가르침에 엄청난 깨달음과 은혜를 받게 되었습니다. 그 분의 모든 책들과 DVD 를 주문하여 연구하면서 이스라엘에 대한 뜨거운 관심과 열정을 갖게 되었습니다. 저는 당장이라도 이스라엘 성지로 달려가 그 깨달음을 직접 체험해 보고 싶었습니다. 그런데 그 당시 필요한 재정을 주님이 막으시면서 허락지 않으시다가 수개월이 지난 후 1983년 봄에 재정을 풀어 주시면서 성지순례를 가게 해주셨습니다. 출발하기 며칠 전 아침에 잠자리에서 일어나기 전에 아내가 벌떡 일어나며 "사도행전 9장22절!"이란 음성을 들었다고 저를 흔들어 깨웠습니다. 무슨 대단한 은혜의 말씀을 주신 줄 알고 찾아보았는데, 잘못 받았나 하고 의아해 할 정도로 이해가 잘 되질 않았습니다.

"사울은 힘을 더 얻어 예수를 그리스도라 증명하여 다메섹에 사는 유대인들을 굴복 시키느니라" (행9장22절)

이 말씀을 붙들고 한동안 씨름을 한 후에야 그 말씀을 주신 뜻을 깨닫게 되었습니다. 위의 말씀에서 키워드는 〈증명〉이라는 단어였습니다. 사도바울은 박식한 랍비여서 객관적인 논리에 의해 예수가 그리스도임을 입증함으로써, 유대인들을 굴복 시켰는데, 저 역시 객관적이고도 논리적인 방식으로 입증하는 사역을 하여 한국인들을 설복 시키라는 의미로 깨달아진 것입니다. 그러니까 주님은 제가 앞으로 감당 할 사역의 방향을 그 한마디 말씀으로 정확히 제시해 주신 것이었습니다. 저는 LA에서 뉴욕 케네디 공항을 거쳐 파리의 드골 공항을 경유, 텔아비의 벤구리온 공항으로 들어갔고, 합승으로 예루살렘에 도착했는데, 그 날이 바로 종려주일 전날이었습니다. 그 다음 날 Old City를 향해 걸어가다가 한 공원을 지나게 되었는데, 산책하는 한 중년여인과 대화를 나누다가 그만 깜짝 놀라게 되었습니다. 당시는 극소수의 메시아닉 유대인이 예루살렘에 살고 있었는데, 바로 그 분이 메시아닉 유대인이었고, 메시아닉 교회로 연결되게 된 것이었습니다. 그 여인의 고백에 의하면 아침에 산책을 하는 경우가 극히 드문데, 그 날은 감동을 받아 나왔다가 저를 만나게 되었다는 것입니다. 저는 이스라엘로 향하는 비행기 안에서, 메시아닉 유대인들을 만나 교제했으면 하는 소원을 기도했거든요. 주님은 저의 소원을 다 아시고, 도착 다음 날 만남의 기적을 베풀어 주신 것이었습니다.

종려주일날 예루살렘에 모여든 많은 순례자들은 예수님이 어린 나귀를 타고 입성하셨던 길을 따라 종려가지를 흔들면서 호산나를 찬양하며 행진을 하였는데, 저 역시 그 행렬과 함께하며 감동의 체험을 하게 되었습니다. 그리고 메시아닉 교회와 연결되어 유월절 날 메시아닉 가정에 초대받게 되었고, 유월절 만찬을 함께 나누며, 영원히 잊지 못할 감격의 유월절을 보내었습니다.

근 한 달 동안을 저는 예수님의 발자취를 따라 예루살렘을 비롯하여 텔아비의 욥바와 하이파, 메기도, 나사렛, 갈릴리 등등 이스라엘 전국을 혼자 누비고 다녔고, 가는 곳곳마다 뜨거운 눈물을 흘리며 주님과의 첫사랑을 체험했습니다. 성지를 다녀온 후, 지금은 절판되었지만, 〈통곡하는 사람들〉과 〈천국의 비밀〉이라는 책을 출판했으며, 그 다음 해에는 〈통곡하는 사람들〉이라는 16미리 다큐멘타리 영화를 촬영하여 LA 월셔 거리에 있는 Four Stars 극장에서 개봉하기도 했습니다.

이를 계기로 주님의 영화만을 만들겠다는 서원에 따라 지금까지 수많은 주님의 영화를 제작 감독하여 보급하였습니다. 뒤에서 차차 그동안 만들어 보급했던 각 작품들을 상세하게 소개해 드리겠지만, 우선 대표적인 작품들을 열거하면 다음과 같습니다.

　- 극영화
　　예수천당
　　휴거
　　예루살렘에 핀 샤론의 꽃
　　다시는 나누이지 않으리라

　- 다큐멘타리
　　왜 오직 예수 그리스도만이 구원의 길인가

(한국어, 영어, 중국어, 일어, 스페인어, 러시아어)

밧모섬의 메시지

가장 위대한 사랑이야기

하나님의 선물, 독도

Temple Mount 에 숨겨진 진실

이상의 작품들은 현재 모두 유튜브에 올려져있으며, 2016년 11월부터는 때를 상고하는 동영상 메시지를 150여 편 이상 만들어 유튜브에 올리기도 하였습니다.

Chapter 2
종려주일에 맞추어
성지를 가게 해주신 뜻을 깨닫다

주님이 저의 재정을 막으시고 계시다가 1983년 봄 종려주일에 맞추어 이스라엘에 도착하게 해주셨는데, 당시에는 그렇게 인도하신 주님의 뜻이 계셨는지는 전혀 알지 못했습니다. 수년 후에야 그 뜻을 깨닫고는 깜짝 놀라게 되었던 것입니다. 누가복음 19장 42절과 44절에 기록된 바와 같이, 예수님은 종려주일날 예루살렘으로 입성하시기전 그 도성을 내려다보시며 우셨습니다.

"네가 오늘날 평화에 관한 일을 알았더면 좋을 뻔하였거니와 지금 네 눈에 숨기웠도다… 이는 권고 받는 날을 네가 알지 못함을 인함이니라" (눅19장42,44하반절)

그러니까 메시야가 나타나실 날이 구약성경, 특히 다니엘서에 기록되어 있었고, 지도자들이 이를 연구하고 깨달아 종려주일날 나타나실 메시야를 영접했으면, 복과 영광을 누릴 수 있었음에도 불구하고, 오히려 지도자들과 대다수 백성이 메시야를 배척 처형함으로써, 자기 백성이 긴긴 고난과 수난의 역사를 통과하게 될 것을 주님은 아셨기에 우셨던 것입니다. 그런데 전지전능하신 하나님은 택한 백성을 위해서만이 아니라 교회를 위해서도 메시야가 신부를 맞기 위해 공중에 강림하실 날을 정하시고 감추어 놓으셨음을 깨닫게 된 것입니다. 따라서 교회는 이스라엘의 실패를 답습하지 않도록 교훈으로 삼아 부지런히 말씀을 연구하고, 하나님이 보여주시는 징조와 싸인을 살펴 오실 메시야를 맞도록 준비해야 했던 것입니다. 그러나 교회는 이스라엘이 메시야의 오시는 권고 받는 날을 알지 못하여 그 엄청난 고난과 수난의 역사를 통과해야 했음을 배웠으면서도, 대다수의 교회 역시 동일한 실패를 반복함으로써 7년의 환난기를 통과하게 된 것입니다. 그래서 주님이 저를 종려주일에 맞추어 예루살렘에 보낸 것이고, 교회를 위해서도 메시야의 강림하실 정한 때(Appointed Time)가 말씀 속에 감추어져 있는 만큼, 이를 연구하며, 징조와 싸인을 살펴 상고하는 사역을 하라는 의미로 깨달아진 것입니다. 그렇다면 대다수의 한국교회가 어떻게 이스라엘과 동일하게 오실 메시야를 놓치게 되었는지 그 배경을 아래와 같이 살펴보기 원합니다.

a 6.25 전쟁의 연단을 통해 성결하고도 순전한 영으로 일어선 한국교회는 사실 80년대의 초반까지만 해도 신랑으로 오실 주님을 기다리는 간절한 소망을 갖고 있었습니다. 하늘에 기이한 구름만 나타나도 주님이 저 구름을 타고 오시려나하며 설레곤 했던 것입니다. 그런데 80년대 초반 이후로 한국에 경제부흥이 일어나게 되면서 물질의 풍요가 교회로 밀려들어오게 되자, 고질적인 기복신앙이 다시금 되살아나게 되었습니다. 게다가 기복신앙에 이른바 번영신학(Prosperity Theology)까지 더해지게 되자, 슬그머니 주님의 강림에 대한 소망은 점차 꼬리를 감추게 되었고, 주님이 전하신 천국복음 보다는 세상복음이 참 복음으로 변

질되게 되었던 것입니다. 그리고 때를 알려고 하는 것은 하나님의 성역을 침범하는 것으로써, 일체 알려고도 하지 말고 무조건 덮어두어야 한다고 정당화하기에 이른 것입니다. 그러나 이런 주장은 지극히 잘못 된 것입니다.

앞서 이스라엘의 예에서도 살펴보았듯이, 택한 백성이 메시야의 오시는 때를 알지 못함으로 전 세계로 흩어져 이루 말할 수 없는 고난과 수난을 당했던 것인데, 때가 하나님의 성역임으로 알려고도 하지 말고 무조건 덮어 두어야 한다는 주장은 어불성설인 것입니다. 이 우주만물을 창조하시고 주관 섭리하시는 광대하신 하나님이 때의 성역을 감히 침범한다고 진노하실 만큼, 옹졸하시지 않으신 분이며, 정반대로 성도들이 최대한 말씀을 연구하고 징조와 싸인을 지켜보아 잘 예비함으로써 메시야를 맞아 복과 영광을 누려주기를 원하시는 것입니다. 그래서 마태복음 16장 3절에 기록된바와 같이 "**너희가 천기는 분별 할 줄 알면서 시대의 표적은 분별 할 수 없느냐**"라고 책망하셨던 것입니다.

그리고 마태복음 24장 42절과 25장 13절은 "**그러므로**

깨어 있으라 어느 날에 너희 주가 임할는지 너희가 알지 못함이니라"라고 번역하고 있는데, 정확한 번역이 못됩니다. 영어 성경은 "그러므로 깨어 있으라"를 "Therefore keep watch" 즉 "그러므로 지켜보고 있으라"로 기록하고 있는 것입니다. 그러니까 징조와 싸인을 지켜보고 있어야만 깨어 예비 될 수 있다는 것입니다. 하나님은 육신을 입고 있는 인간의 연약함을 너무나 잘 알고 있고, 또 말세에 마귀가 얼마나 성도들을 미혹하여 기만되게 할 것을 잘 아시기에 항상 지켜보고 있지 않으면, 깨어 예비 될 수 없음을 잘 아시는 것입니다.

그래서 지켜보아야 한다고 말씀하신 것인데, 이를 한국어 성경은 오역한 것입니다. 그리고 더 나아가 주가 임할 날을 알지 못함으로 때를 알려고 해서는 안 되고, 덮어 두어야 한다고 잘못 가르치기에 이른 것입니다. 계시록 3장 3절의 말씀을 한국어 성경과 영어 성경으로 비교해 보면, 이는 더욱 분명해 집니다.

"그러므로 네가 어떻게 받았으며 어떻게 들었는지 생각하

고 지키어 회개하라 만일 일깨지 아니하면 내가 도적같이
이르리니 어느 시에 네게 임할는지 네가 알지 못하리라"
(계3장3절)

"Remember therefore how thou hast received and
heard, and hold fast, and repent. If therefore thou
shall not watch, I will come on thee as a thief"
(Revelation3:3)

이 말씀에서도 "만일 일깨지 아니하면"은 "만일 지켜보
지 아니하면"으로 번역되어야 했던 것이며, 지켜보지 아니
하면, 어찌 주의 임할 날을 알 수 있겠느냐 라고 묻고 있는
것입니다.

하나님은 때를 모르게 하여 성도들이 멸망으로 끌려 들
어가게 하는 고약한 하나님이 아니신 것이며, 끊임없이 나
타내는 징조와 싸인을 부지런히 지켜보고, 말씀을 연구하
여 깨어 예비함으로써, 복과 영광을 누려 달라고 간곡히 원
하시는 너무나 선하시고 좋으신 하나님이신 것입니다. 그
리고 그 날과 그 시는 하나님 아버지만이 아신다는 말씀은

맞지만, 이는 정확한 그 날과 그 시를 모른다는 의미이지, 매우 근접한 때를 모른다는 의미는 아닌 것입니다. 데살로니가전서 5장 4절-6절의 말씀이 이를 뒷받침하고 있는 것입니다.

> "형제들아 너희는 어두움에 있지 아니하매 그 날이 도적 같이 너희에게 임하지 못하리니 너희는 다 빛의 아들이요 낮의 아들이라 우리가 밤이나 어두움에 속하지 아니하나니 그러므로 우리는 다른 이들과 같이 자지 말고 오직 깨어 근신할지라"(살전5장4~5절)

b "이 천국복음이 모든 민족에게 증거되기 위하여 온 세상에 전파되리니 그제야 끝이 오리라"

(마태복음 24장14절)

이 말씀이 대다수 한국교회가 때에 관해 깨어 있지 못하게 되는 치명적인 결과를 초래하게 하였습니다. 아직 미전도 종족이 수천에 달함으로 주님이 오시려면 10년에서 30

년은 더 있어야 된다는 것입니다. 그런데 이 말씀을 그렇게 해석하는 데에는 두 가지 중요한 문제점이 있습니다.

첫째, 끝이라는 의미는 7년 환란기의 끝으로서, 주님이 지상 재림하실 때 까지를 의미한다고 보아야 하는 것이며, 7년 환난기 전에 있을 휴거의 때를 의미하지는 않는다고 보아야 하는 것입니다.

둘째, 모든 민족에게 증거되기 위하여 온 세상에 전파되리니의 의미를 마지막 종족에게 까지 그들의 언어로 성경이 번역되어 전해져야 한다는 의미로 보기 어려운 것입니다. 복음을 성경전체로 보기 보다는 예수님을 통한 구원과 천국과 영생의 핵심 메시지만으로 해석 할 수도 있는 것이며, 오늘날에는 전파를 통해서도 얼마든지 복음이 전해질 수 있는 시대인 만큼, 이미 복음은 온 세상에 전파되었다고 보는 것이 더 타당한 것입니다.

어쨌든 위의 말씀은 때에 관한 절대적인 기준이 될 수는 없는 것이며, 이 말씀을 근거로 아직 때가 멀었다는 주장은, 세상에 마음을 빼앗기고 있으면서 단지 정당화하기 위한 수단으로 이용되는 측면도 있는 것입니다.

c 〈시한부 종말론〉이라는 단어가 그 날과 그 시를 정해서는 안된다는 의미로는 맞지만, 대다수의 한국교회는 하나님의 때가 정해져 있는 것이 아니고, 인간들이 하기 나름에 따라 늦어질 수도 있고, 빨라 질 수도 있다고 보는 의미로 사용되기에 문제인 것입니다. 말씀은 알파와 오메가 되시는 하나님이 시작과 끝을 다 아시고 친히 선포하신 것이며, 천지는 없어질지언정 말씀의 일점일획은 없어지지 아니하고 다 이루어지는 것입니다. 그리고 이스라엘을 위해서 뿐만 아니라 교회를 위해서도 정한 때가 있는 것이고, 다만 말씀 속에 숨겨져 있는 만큼, 열심히 말씀을 연구하고, 징조와 싸인을 살펴 근접한 때를 알므로서 잘 예비 되어 복과 영광을 누리라는 것입니다. 인간들이 하기 나름에 따라 때가 고무 줄 처럼 늘어졌다 줄어졌다 한다고 믿는다면, 이는 절대적이고도 완전한 말씀을 믿지 않는 불신앙의 심각한 죄인 것입니다.

d 92년도에 발생했던 휴거불발 사건이 한국교회에 지대한 영향을 끼쳤고, 그 사건으로 휴거의 〈휴〉자도 꺼내지 못

할 만큼, 질색하게 되었습니다. 저 역시 다미선교회의 휴거 열풍으로 곤혹을 치른 경험이 있습니다. 당시 저는 〈휴거〉라는 극영화를 만들어 92년도 봄에 중앙극장에서 상영하였는데, 다미선교회의 열성 청년들이 매일 피켓을 들고 찾아와 영화를 보러 온 사람들에게 들이대며 외쳐대자 그만 질색하며 관람을 포기하고 돌아가기도 했던 것입니다. 매일 그들과 실랑이를 벌였지만 막무가내였습니다. 그 후 불발이 되면서, 영화는 더 이상 상영 할 수 있는 길이 막히게 되었던 것입니다. 정영숙 권사님이 출연해 주신 그 영화는 현재 유튜브에 올려져서 많은 사랑을 받고 있습니다. 휴거 사건이 성경말씀에 기록된 중대한 사건이고, 성도들이 사모해야 할 가장 복된 대영광의 사건임에도 시험으로 인해 휴거소망의 문을 닫고, 이제는 이단시하는 분위기가 되었으니 너무 슬픈 현실인 것입니다. 실은 그런 시험이 있을수록 더욱 사모해야 하는 것이 올바른 신앙의 자세인 것이며, 단지 시험으로 인해 말씀의 가장 영광스러운 하나님의 역사에 등을 돌린다는 것은, 마치 교회에서 일어나는 일들이 꼴 보기 싫어 예수를 믿지 않겠다고 하는 우매함과도 다를

바가 없는 것입니다. 저는 그런 시험에도 불구하고 더욱 사모하며 때를 상고하는 사역에 매진했습니다. 때를 전하는 사역에는 두 가지 다른 형태가 있습니다. 하나는 예언사역이고, 다른 하나는 Watchmen(파수꾼)사역입니다. 예언사역이란 주님이 주시는 메시지를, 주님이 이렇게 말씀하셨다고 라고, 그대로 전하는 사역입니다.

Watchmen사역은 징조와 싸인을 지켜보며 말씀에 비추어 진실하게 상고하여 참조하도록 제시해 드림으로써 각자가 분별 판단하도록 하는 사역입니다. 따라서 예언사역은 상당한 책임감이 뒤따르는 반면, Watchmen사역은 그 날과 그 시를 정하지 않는 한 맞았다 틀렸다 할 이유없이 비판으로부터 자유로운 사역입니다. 제가 하는 사역은 Watchmen사역입니다. 그런데도 이 두 사역을 구분하지 못하는 분들로 부터 초기에는 상당한 비판을 받기도 하였습니다.

그러나 워낙 끈질기게 사역에 충성한 결과, 이제는 이해가 잘되는 편입니다. 특히 저는 미국의 Watchmen사역자들과 함께 동역하게 되어 미국 사이트에도 글을 올리면서, 한국 카페에도 글을 올리는 이중의 사역을 하고 있는데, 초기에는 저도 미국의 사역자들에게 잘 적용되지 않는 점들이 있었습니다. 미국의 사역자들은 천체현상과 수에 상당히 깊은 조예가 있어 이를 바탕으로 상고하는 경향을 보이는데, 이런 경향에 잘 적용되기가 쉽지 않았던 것입니다. 그러나 하나님은 해와 달과 별로 하늘의 징조를 삼으시겠다고 분명히 말씀하셨고, 또 하나님의 말씀을 믿지 않으려는 인간의 완악함을 잘 아시기에, 부정 할 수 없는 수들을 통해 증거들을 입증하시는 방법을 사용하시는 것이며, 그래서 성경에는 수많은 수들이 기록되어 있음을 알게 되면서 이해 할 수 있게 되었던 것입니다.

그러나 기복신앙의 은혜에만 집착하는 한국교회는 천체현상과 수를 언급 할 때 다분히 부정적인 자세를 보이고, 심지어는 이단시하기도 하여, 참으로 사역에 많은 고충이 있었지요. 또 하나님은 궁창에 놀라운 12 Constellation(성좌)를 나타내셨는데, 마귀가 이를 점성술로 왜곡하였고, 그러자 이에 거부감을 갖는 성도들도 있게 된 것입니다. 하

나님이 약속의 징표로 나타내신 아름다운 무지개를 동성애
자들이 그들의 상징으로 사용한다고 해서 거부감을 갖는
우매함과 다를 바가 없는 것입니다.

어쨌든 Watchmen사역이 보다 쉽게 이해 되도록 두 가
지 예를 들기 원합니다.

동방박사들이 오랜 세월의 연구 끝에 메시야의 탄생을
알리는 찬란한 별을 발견하게 되었으나, 페르시아로 부터
긴긴 여정을 떠날 때 그들은 최종 목적지가 어디이고, 언제
도착하게 될지를 전혀 알 수 없었습니다. 그러나 매일 매일
천체현상을 면밀하게 지켜보면서 믿음의 인내로 인도되었
을 때 마침내 베들레헴에 이르러 왕으로 태어나신 아기 예
수께 경배하는 복과 영광을 누리게 되었던 것입니다.
Watchmen사역자들도 왕으로 오실 신랑을 맞게 되는 최
종 시점이 언제일지, 또 말씀의 어떤 원리에 의해 이루어질
지 절대 알지 못합니다. 다만 하나님이 끊임없이 나타내시
는 징조와 싸인을 면밀히 지켜보면서 말씀에 비추어 상고
해 보는 진실한 자세로 믿음의 인내로서 따라가면, 결국에
는 왕으로 오실 신랑을 맞게 되는 시점에 도달하게 되는 것

입니다.

그리고 천조각의 퍼즐을 맞춘다고 할 때 그 조각들이 제대로 잘 안 맞으면, 이렇게도 맞추어 보고, 저렇게도 맞추어 보면서, 부분적으로 완성해 가다보면, 그런 과정을 거쳐 결국에는 한 큰 그림을 완성하게 되는 것입니다. 그러므로 천 조각을 단 한 번에 맞출 수는 없는 것이며, 맞추는 인내의 과정을 거쳐야만 완성되는 것입니다. 그런데도 짝을 맞춘다고 온갖 비판을 하는 분들이 있는 것입니다. 이사야 34장 16절은 이렇게 기록하고 있습니다.

"너희는 여호와의 책을 자세히 읽어보라 이것들이 하나도 빠진 것이 없고 하나도 그 짝이 없는 것이 없으리니 이는 여호와의 입이 이를 명하셨고 그의 신이 이것들을 모으셨음이라" (사34장16절)

이 말씀은 말씀의 짝들이 있음을 아는 것으로 그치지 말고 그 짝들을 맞추어 보아 하나님의 위대하신 섭리를 찾아 보라는 것입니다. 하나님은 사과나무 밑에 입을 벌리고 누워 사과가 입에 떨어지기를 기다리는 그런 게으른 성도를 기뻐하시지 않으며, 열심히 찾고 찾는 자를 기뻐하시는 것입니다. 그래서 마태복음 7장 7절-8절에서는 **"찾으라 그러면 찾을 것이요… 찾는 이가 찾을 것이요"** 라고 기록하고 있는 것입니다.

그동안의 사역을 통해 하나님은 참으로 헤아릴 수 없는 하늘의 징조와 땅의 싸인을 끊임없이 나타내시며 때를 깨우쳐 주시기 원하심을 알게 되었습니다. 생활주변의 여러 사건들을 통해서도 싸인을 나타내 주셨고, 심지어는 수퍼볼 같은 스포츠 경기를 통해서도 싸인을 나타내 주시는 것이었습니다. 절대 불필요한 일을 하시지 않는 하나님이 그저 심심하여 그런 수많은 징조와 싸인을 나타내실리는 없는 것이며, 따라서 하나님의 자녀라면, 아버지께서 나타내시는 그 놀라운 징조와 싸인을 경외함으로 받들고, 열심히 연구하여 찾고 찾으며 깨닫도록 상고하는 것이 올바른 자세인 것이며, 아무런 관심도 갖지 않으면서, 경하게 여기고 무시한다면, 이는 하나님을 망령되게 여기는 것과 다름없는 것입니다. 택한 백성이 권고 받는 날을 알지 못함으로 그 참혹한 고난과 수난을 통과해야함을 아시고 우셨던 주님은, 그렇게 헤아릴 수 없는 징조와 싸인을 나타내주었음에도 대다수 교회마저 권고 받는 날을 알지 못하여 그 참혹한 환난기를 통과하게 됨을 아시기에, 오늘날 세상을 내려다보시며 또 우시고 계신 것입니다. 이 얼마나 가슴 찢어지는 비극인가요.

Chapter 3

이스라엘의 뿌리를 알면
복음의 진수에 눈을 뜨게 된다

골로새서 2장 16절-17절은 이렇게 기록하고 있습니다.

"그러므로 먹고 마시는 것과 절기나 월삭이나 안식일을
인하여 누구든지 너희를 펌론하지 못하게 하라 이것들은
장래 일의 그림자이나 그 몸은 그리스도의 것이니라"
(골2장16~17절)

이 말씀에서 먹고 마시는 것이라 함은 이스라엘의 생활
풍습을 의미합니다. 이스라엘은 인류의 해시계로서 성경말
씀에 기록된 그들의 역사뿐만 아니라 그들의 생활풍습도
하나님이 나타내시는 뜻과 섭리의 예표가 되는 경우들이
있다는 것입니다. 그 중 고대 이스라엘의 혼인풍습이 위의

말씀에 해당됨을 알게 되었고, 그 혼인풍습이 주님과 성도의 관계를 나타내는 것임을 알게 된 것입니다.

고대 이스라엘에서는 한 남성이 한 여성을 사랑하게 되어 혼인을 원하면, Ketubah(케투바) 라는 계약서를 작성하여 그 여성의 부모를 찾아가 제시하게 됩니다. 케투바에는 그 여성을 아내로 맞이하기 위해 제시하는 여러 조항들이 기록되게 되는데, 그 중 가장 중요한 조항은 가격입니다. 그 가격을 포함 모든 조항들에 합의가 되면, 예비신랑과 예비신부는 포도주를 함께 마시게 되고, 그 가격을 지불한 예비신랑은 부친의 집으로 돌아가 신혼을 위한 처소를 예비하게 되며, 예비신부는 예비신랑이 데리려 올 때까지 절개를 지키며 기다리게 됩니다. 처소가 다 예비 되어 부친이 신부를 데려오라는 명을 내리게 되면, 예비신랑은 친구를 대동하고 어느 날 갑자기 찾아오게 되며, 친구들은 동네 어구에서 신랑이 옴을 소리쳐 외치게 됩니다. 그리고 이제나 저제나 기다리고 있던 예비신부는 신랑의 오는 소리를 듣게 될 때 얼굴에 베일을 내리게 되며, 잠시 후 들이닥친 예비신랑은 예비신부의 얼굴에 내려진 베일을 살짝 들어 올려 자신의 약혼자임을 확인하고는 둘러메고 부친의 집으로 돌아가게 되는 것입니다. 그 후 혼인예식이 거행되면서 베일이 완전히 벗겨지고, 이어서 7일간의 허니문이 있게 되는 것입니다.

이 고대의 혼인풍습을 주님과 성도와의 관계에 적용해 보면, 완벽하게 들어맞음을 알 수 있는 것입니다. 주님이 성도를 아내로 삼기 위해 제시한 가격은 얼마였을까요? 주님 자신의 생명과 보혈이었습니다. 이 가격이 합의되었고, 포도주를 함께 마셨으며, 가격은 지불된 것입니다. 성찬식 때 포도주를 마시는 것에는 두 가지 의미가 있습니다. 하나는 예수님이 하나님의 어린 양으로서 골고다 십자가에서 흘려주신 거룩한 보혈을 기념하는 것이며, 또 다른 하나는 흘려주신 그 거룩한 보혈로 가격이 지불되었음으로 주님과 약혼상태에 있음을 늘 상기하기 위함인 것입니다. 주님은 아버지의 집으로 돌아가 처소를 예비하셨는데, 요한복음 14장 1절-3절의 말씀에서 그 증거를 확인하게 되는 것입니다.

"너희는 마음에 근심하지 말라 하나님을 믿으니 또 나를 믿으라 내 아버지 집에 거할 곳이 많도다 그렇지 않으면 너희에게 일렀으리라 내가 너희를 위하여 처소를 예비하러 가노니 가서 너희를 위하여 처소를 예비하면 내가 다시 와서 너희를 내게로 영접하여 나 있는 곳에 너희도 있게 하리라" (요14장1~3절)

예비신랑이 처소를 예비하는 동안 예비신부는 훌륭한 배필이 되어 드리기 위해 절개를 지키고 이제나 저제나 오실 예비신랑을 기다리게 되는 것입니다. 그렇게 되어야 하는 이유를 고린도전서 6장 20절은 이렇게 기록하고 있는 것입니다.

"너희는 너희 것이 아니라 값으로 산 것이 되었으니 그런즉 너희 몸으로 하나님께 영광을 돌리라" (고전6장20절)

그러니까 주님이 지불해 주신 가격의 피 값으로 예비신부가 산바 되었음으로, 절대 두 주인을 섬겨서는 안 되고,

절대 절개를 지켜야 한다는 것입니다. 피 값으로 산바 되었음에도 두 주인을 섬긴다면, 하나님과 맺은 계약을 일방적으로 파기하는 심각한 행위라는 것입니다. 이 세상에서도 계약을 일방적으로 파기 할 때 심각한 결과를 초래하게 되는데, 하물며 감히 하나님과 맺은 계약을 파기하는 행위가 얼마나 심각한지를 인식해야 하는 것입니다.

더구나 일방적인 계약 파기는 값으로 지불된 예수님의 보혈의 가치를 부정하거나 부족하다고 여기는 망령된 행위인 것입니다. 따라서 성찬식은 주님이 어린 양으로 흘려주신 보혈의 절대적인 가치를 기념 할 뿐만 아니라 그 피 값으로 자신이 산바 되었으므로 절대 두 주인을 섬기지 않고, 절개를 지키는 약혼상태의 계약을 상기 시키는 두 가지 중요한 의미가 있는 것입니다. 그런데도 한국교회는 예수 잘 믿으면, 세상에서 잘 되므로, 두 주인을 섬기도록 세상으로 내모는 것이며, 그것이 모범적이고도 건강한 신앙이라고 잘못된 다른 복음을 가르치고 있는 것입니다. 처소가 다 예비되어 신부를 데려오라는 아버지의 명이 떨어지면, 주님의 호령과 천사장의 소리와 하나님의 나팔로 주님이 친히 공중에 강림하시고, 신부의 부활/변형이 일어나며, 공중으로 끌어 올려지게 되는데, 이것이 대영광의 휴거사건인 것입니다. 그리고는 천국의 보좌 앞으로 나아가 아버지께 보여 지며, 어린 양과의 혼인예식 후, 지상에서는 7년간의 환난기가 진행되고, 천상에서는 7년간의 허니문이 진행되게 되는 것입니다. 따라서 예수를 믿는다는 것은, 주님의 신부가 되는 것이 본질인 것이며, 그래서 에베소서 5장 31절-32절은 이렇게 기록하고 있는 것입니다.

"이러므로 사람이 부모를 떠나 그 아내와 합하여 그 둘이 한 육체가 될지니 이 비밀이 크도다 내가 그리스도와 교회에 대하여 말하노라" (엡5장31~32절)

예수님이 십자가에서 스스로 생명을 내어 주신 후 옆구리에 창을 찔리시어 물과 피를 쏟으심으로, 그 쏟으신 물과 피로 성도들이 나오게 된 것입니다. 그런데 이는 하나님이 아담을 깊이 잠들게 한 후 옆구리를 통해 돕는 배필인 하와를 짝지워 주신 것과 동일한 모형인 것입니다. 그리고 히브리서 12장 2절은 이렇게 기록하고 있는 것입니다.

"믿음의 주요 또 온전케 하시는 이인 예수를 바라보자 저
는 그 앞에 놓인 즐거움을 위하여 십자가를 참으사 부끄
러움을 개의치 아니하시더니 하나님 보좌 우편에 앉으셨
느니라"(히12장2절)

이 말씀에서 주님이 앞에 놓인 즐거움을 위하여 십자가
의 그 모든 고통과 부끄러움을 참으셨다고 했는데, 앞에 놓
인 즐거움은 무엇일까요? 물론 성도들이 구원 받게 됨이
주님께는 기쁨이 될 수 있을 것입니다. 그러나 즐거움이라
고 할 때 구원 받는 것 이상으로, 혼인함을 의미했다고 볼
수 있는 것입니다. 이 세상에서도 혼인이 가장 큰 즐거움이
라고 할 수 있기 때문입니다. 결국 십자가 위에서 주님이
다 이루셨다고 하신 말씀은 단지 구속사역을 의미한 그 이
상으로, 혼인까지를 염두에 두셨다고 할 수 있는 것입니다.

주님이 초림 때 오셔서 제일 먼저 행하신 기적이 바로 가
나의 혼인잔치였습니다. 제일 먼저 행하셨다는 것은 주님

이 오신 목적의 제1순위임을 의미했다고 할 수 있는 것이며, 가나의 혼인잔치는 장차 올 어린 양의 혼인잔치를 예시한 예표였다고 할 수 있는 것입니다. 그리고 가나의 혼인잔치에서 여섯 항아리의 물을 귀한 포도주로 변화 시킨 기적은, 여섯은 사람을 의미하는 수임으로, 사람이 말씀과 성령님을 나타내는 물로 가득 차게 될 때 존귀한 존재로 변형될 수 있다는 의미인 것이며, 빌립보서 2장 21절과 상통한다고 볼 수 있는 것입니다.

> "그가 만물을 자기에게 복종 시킬 수 있는 자의 역사로 우리의 낮은 몸을 자기영광의 몸의 형체와 같이 변케 하시리라" (빌2장21장)

그리고 가나 혼인잔치에서의 포도주는 앞서 설명드린 대로 성찬식 때 포도주를 마시는 두 가지 중요한 의미를 상기시키는 것이라고 할 수 있는 것입니다. 결국 하나님이 이루시는 역사는 회복사역으로서, 아담과 하와가 범죄하기 이전의 상태로 돌이켜, 하나님 자신이 피조물인 인간과 혼인

함으로써, 영원히 사랑을 나누는 창조의 목적을 완성하시
겠다는 것입니다. 그러므로 예수를 믿는다는 것은 예수님
의 신부로서 혼인하여 영원한 사랑을 나누는 동시에 주님
의 나라와 의를 함께 이루어 나가는 것이 궁극적인 목표인
것입니다. 그래서 목회자의 사명은, 성도들을 세상으로 내
보내지 않고, 정결한 처녀로 예비 시켜 주님께 중매하는 것
이라고 말씀은 기록하고 있는 것입니다. 이것이 복음의 본
질이요, 핵심이요, 진수인데, 한국교회가 얼마나 복음으로
부터 멀리 떨어져 있는가를 알게 하는 것입니다. 그렇다면
그렇게 된 이유가 무엇일까요?

Chapter 4

첫 단추부터 잘못 끼워진
한국교회

    복음이 이 땅에 들어오기 전 한국인들은 샤머니즘의 무속과 미신 그리고 불교와 유교를 비롯한 여러 종교들에 빠져 있었습니다. 사람들은 천하대장군이나 지하여장군 같은 목석 앞에서 절을 하며 복을 빌었고, 기이한 바위나 나무 앞에서 절을 하며 복을 빌었는가 하면, 성황당, 용궁당, 해신당 등에 제사상을 차려 놓고 절을 하며 복을 빌었습니다. 오늘날에도 영화촬영을 시작 할 때나 무슨 사업을 시작 할 때, 또는 무슨 행사를 할 때 돼지머리를 올려놓은 제사상을 차려 놓고 절을 하며 복을 빌지요. 불교는 불상의 우상 앞에서 절을 하며 복을 빌고, 유교는 죽은 조상을 모셔 놓고 절을 하며 복을 빕니다. 저는 동영상을 찍기 위해 전국을 누비고 다녔는데, 오늘날에도 전국 곳곳에서 한국인들은 여전히 목상과 바위와 나무와 불상과 조상의 우상 앞에서 절을 하며 복을 비는 모습을 보게 됩니다. 참으로 끔찍합니다.

복음이 이 땅에 처음 들어 올 때 기복신앙에 의한 기존의 종교들과 하등 다를바 없는 종교로 받아들여졌습니다. 그러니까 예수님도 복을 비는 대상으로 받아들여진 것입니다. 종교는 하나님으로부터 온 것이 아니며, 인간들이 세상에서의 복과 안위와 유익을 위해 스스로 만든 우상을 섬기는 것이고, 결국은 무속적인 미신과 다를바가 없는 것입니다.

"새긴 우상은 그 새겨 만든 자에게 무엇이 유익하겠느냐 부어 만든 우상은 거짓 스승이라 만든 자가 이 말하지 못하는 우상을 의지하니 무엇이 유익하겠느냐" (합2장18절)

어떻게 한국교회는 하나님으로 부터 온 유일한 구원의 길인 복음을 다른 종교들과 동등한 종교의 카테고리 속에 편입시킬 수 있었는지요?

성자 하나님이시요, 유일한 진리이시고, 길이요, 생명이신 예수 그리스도를 어찌 한국교회는 죄인에 불과한 종교들의 창시자들과 동등한 위치로 끌어내려 한 카테고리 속에 편입 시킬 수 있었는지요? 종종 전통종교다 신흥종교다 라는 말을 듣게 되는데, 이 말은 누구나 죄의 인간이 그럴 듯한 교리만 내세우면 종교를 창시하여 교주가 될 수 있다는 것입니다. 일단 한국교회가 스스로 종교의 카테고리 속에 편입된 이상, 종교는 종교이되, 기독교는 유일하신 창조주 하나님을 섬기는 종교라고 주장한들 전혀 씨가 먹히지 않는 것입니다. 형평성에 어긋나기 때문입니다. 그래서 불교나 유교의 지도자들이 걸핏하면, "자기 종교가 귀한 줄 알면 남의 종교도 존중 할 줄 알아야 한다" 라고 일침을 놓을 때 꼼짝 못하고 할 말을 잃게 되는 것입니다.

"나는 여호와이니 이는 내 이름이라 나는 내 영광을 다른 자에게 내 찬송을 다른 우상에게 주지 아니 하리라"
(이사야 42장8절)

이처럼 말씀이 삼위이신 하나님은 절대 종교의 위치로 끌어 내려져 편입 될 수 없음을 기록하고 있는데도, 한국교회는 우주만물을 창조하시고 주관 섭리하시는 절대자이자 완전하신 하나님의 성자를 죄인에 불과한 종교 창시자들의 위치로 끌어 내렸고, 복음도 종교의 카테고리 속에 편입 시키는 치명적인 오류를 범한 것입니다. 사실 종교는 마귀가 유일한 하나님으로의 구원의 길을 저지하고 혼잡케 하기 위해 파놓은 함정인 것이며, 사람들의 취향에 따라 선택하도록 여러 종교들을 만들어 놓은 것이고, 모든 종교의 배후는 마귀인 것입니다. 그런데도 한국교회는 스스로 마귀의 지배하에 있는 종교의 카테고리 속에 편입시키고 있음에도 부끄러워하거나 회개를 하려 하지 않습니다. 그럼에도 불구하고 한국의 초대교회 때에는 종교의 차원을 뛰어넘는 여러 훌륭한 주의 종들이 배출되었고, 성령님의 강력한 역사가 일어나기도 했습니다. 그래서 당시에 일어났던 부흥의 중심지인 평양을 동방의 예루살렘이라고까지 불렀던 것입니다.

당시 배출되었던 위대한 종들 중 대표적인 세 인물을 꼽으라면, 저로서는 주기철 목사님 그리고 손양원 목사님과 최권능 목사님이라고 말씀 드리고 싶습니다. 저는 창원 응

천의 주기철 목사님 기념관에도 찾아가 보았고, 손양원 목사님을 기념하는 여수의 애양원과 순천의 기독교 박물관에도 가보았으며, 최권능 목사님의 일대기 〈예수천당〉을 만들기도 했습니다. 그분들은 모두 순교하기 까지 승리를 거두신 위대한 하나님의 종들이었습니다. 그러나 이 분들을 포함한 소수의 위대한 종들이 배출되었음에도 불구하고, 평양총회에서는 신사참배를 가결하기에 이르렀으며, 수많은 종들이 자발적으로 신사참배에 참가하게 되었던 것입니다.

총회의 임원들은 성지를 순례한다고 일본에 찾아가 신사참배를 하기도 했습니다. 태양신을 섬기는 천조대신의 이름으로 목사들이 단체로 침례를 받기도 하였고, 예배드리기 전 기립하여 천황을 향해 동방요배와 황국신민서사를 낭독하는 의식을 행했으며, 이동식 신사를 만들어 교회를 순회하기도 했었습니다. 이런 끔찍한 죄악을 범하게 되었던 근본 원인은 복음을 신앙으로가 아닌 종교로 받아들여 하나님과 말씀의 절대성을 믿음으로 붙드는 무장이 되어 있지 못했기 때문이었습니다. 결국 한국교회의 범죄로 말미암아 북한은 마귀의 손아귀에 떨어졌고, 오늘날까지도 가장 잔악한 우상숭배의 땅으로 남아 있게 된 것입니다. 부패 타락한 이스라엘이 우상숭배의 죄악까지 범하면서도 회개하며 돌아오지 않았을 때 하나님은 자신의 성전일지라도 파괴되도록 허용하셨던 것이며, 오늘날까지 이슬람의 우상이 그 거룩한 곳에 서 있는 것입니다. 평양 대부흥의 중심지였던 장대현교회의 자리에 김일성의 우상이 서 있음도 동일한 현상인 것입니다. 그처럼 한국교회가 엄청난 죄악을 범했으면서도, 오늘날까지 한국교회의 긴긴 역사 동안 단 한 번도 주의 종들의 철저하고도 가슴을 찢는 통회의 회개가 이루어지지 않은 것입니다. 그리고 또 단 한 번도 복음은 종교가 아니요, 유일한 구원의 길이고, 예수님도 종교 창시자가 아니요, 유일하신 구세주의 하나님이심을 선포하는 대대적인 운동이 주의 종들에 의해 일어나지 않고 있는 것이 참으로 안타까운 현실입니다.

북한이 마귀에 의해 접수되면서 결국 6.25 전쟁이 일어났고, 그 처참한 전쟁에서도 하나님은 한국을 지켜주셨습니다. 6.25 전쟁을 직접 체험한 저는, 유엔안보리에 소련 대표가 불참케 됨으로 유엔군이 한국전쟁에 참전토록 통과된 기적, 낙동강 사수, 인천상륙작전의 성공, 흥남철수 등등이 하나님께서 베풀어 주신 이 민족을 향한 기적들의 대표적인 예임을 잘 알고 있는 것입니다. 그렇게 하여 한국은 잿더미에서 다시 일어나게 되었고, 한국교회도 종교를 초월하는 성결하고도 순전한 영으로 일어나며 다시 부흥하게 되었던 것입니다.

그러나 80년대 초반부터 물질의 풍요가 교회에 밀려들어오기 시작하자 슬그머니 기복신앙의 종교로 다시 되돌아가게 된 것입니다.

복음을 종교로 받아들였고, 예수님도 종교의 창시자로 받아들였던 근본적인 오류가 다시 고개를 들며 나타나게 된 것입니다. 종교주의는 인본주의와 동전의 양면 같이 함께 가게 되어 있습니다.

종교 자체가 인간들 스스로가 만들었기에 인간들이 운영하는 것은 당연한 것입니다. 한국교회가 종교로 다시 돌아가게 되면서 인간들이 좌지우지하며 운영하는 체제가 되고

만 것입니다. 말로는 예수님이 교회의 주인이시고, 성령님이 교회를 운영하신다고 하지만, 실상은 예수님을 바지사장으로 앉혀 놓고, 성령님을 축출하거나 부려먹으면서 인간들이 다 운영하는 것입니다. 인간은 존재 자체가 마귀에 의한 사망의 법에 의해 지배되는 절망적인 존재인 것입니다. 그런 인간들이 좌지우지하며 운영하게 되면, 반드시 마귀에게 휘둘리게 되는 것입니다.

그래서 목회자들은 예수님을 몰아내고 그 자리에 앉아 예수님 대신 영광과 숭배를 받고 있는 것입니다. 예수님이 어떤 분이십니까? 예수님은 하나님의 어린 양으로서 죄 없으신 몸으로 오시어 십자가에서 가장 참혹한 형벌을 당하시고 생명을 내어 주시며 거룩한 보혈을 흘려주심으로 단 한 번의 영원한 제사를 통해 위대한 구속사역을 이루신 하나님이신 것입니다. 감히 그런 존귀하신 예수님을 자리에서 끌어 내리고 대신 목회자가 영광과 숭배를 받는다는 것은 죄악 중의 가장 큰 죄악입니다. 성령님은 또 어떤 분이십니까? 성령님은 삼위의 동등하신 하나님이십니다. 말씀을 쓰셨고, 무한한 지식과 지혜와 창의력을 가지시고 계시며, 가장 최일선에서 역사하시는 권능자이십니다. 예수님도 성령으로 잉태되시었고, 양육되셨으며, 모든 역사를 이루셨습니다. 자기가 온전히 죽어 성령님에 의해 온전히 소유되고, 사로잡히며, 운행되어져야 하는데도, 한국교회는 성령님을 축출하거나 부려 먹으려드니 그저 기가 막힐 뿐입니다. 저는 긴긴 사역을 통해 하나님이 이루시는 회복사역은 삼위의 하나님이 직접 이루시고 계시고, 사람은 단지 충실하고도 충성된 도구로서만 쓰임을 받아야 함을 철두철미하게 배웠던 것입니다.

종교주의와 인본주의는 반드시 세속주의로 수순을 밟게 되는 것이 철칙입니다. 그래서 종교주의와 인본주의로 결합된 한국교회는 필연적으로 세속주의에 의해 부패와 타락의 길로 빠지게 된 것입니다. 목회자는 재벌 기업의 총수 같은 위치에 앉게 되었고, 교회는 온갖 부패와 비리로 차고 넘치는 강도의 굴혈이 되었습니다.

몇 가지 예를 들어 보겠습니다. 성도의 머리수를 포함해 교회를 팔고 사는 행위, 장로직 등 직분을 금품으로 매도 매수하는 행위, 교회건물과 건축을 둘러싼 온갖 부정과 비리, 총회장이나 단체장 선거 때 막대한 액수의 금품이 오가는 행위, 온갖 비방과 모함으로 싸움박질을 해대며 교회가 갈라지고 심지어는 용역 깡패까지 동원하는 행위, 온갖 음란한 행위 등등 이 정도는 빙산의 일각이며, 한국교회는 세계 개신교사상 유례를 찾아 볼 수 없는 가장 부패하고 타락한 교회가 된 것입니다. 이처럼 부패 타락한 한국교회가 WCC 개최를 통해 종교화합운동에 앞장 서는 배도와 반역에 빠지게 된 것은 너무나도 당연한 결과였던 것입니다.

한국교회는 하나님이 이루시는 역사를 구속사역으로만 인식하였습니다. 그래서 예수 믿어 구원을 받았으면 그것으로 다 잘 되었고, 그 후로는 세상에서 복을 받아 성공하며 물질과 명예를 누리는 것이 모범적이고 건강한 신앙이라고 거짓을 가르치고 있는 것입니다. 그런 가르침은 성경 어디에도 쓰여 있지 않으며, 사도바울이 살아 계셨으면 한국교회의 가르침을 다른 복음이라고 규탄하셨을 것입니다. 하나님이 이루시는 역사는 회복사역으로서 죄가 들어오기 전의 에덴동산으로 회복시키는 것이며, 따라서 구원은 긴 긴 과정의 초기단계에 불과한 것이고, 구원 받은 후 자기를 부인하고 자기 십자가를 지며, 주님의 뒤를 따라 긴긴 성화의 좁은 길을 가야 하는 것입니다. 그러니까 한국교회는 긴긴 마라톤에서 불과 1km 정도만 뛰고 이미 승리했다고 축배를 드는 우매함에 비유 할 수 있을 것입니다.

예수님이 초림 때 오셔서 전하신 복음은 천국복음이었습니다. 한국교회는 예수 믿어서 구원만 받으면 그것으로 됐고, 그 후로는 세상에서 잘 누리다가 죽어서 천국 가는 것이 천국복음이라고 가르치지만, 그것은 세상복음이지 천국복음이 아닌 것입니다. 천국복음이란 매일매일의 삶속에서 천국과 연결되며, 천국에서 대제사장으로 일하시는 주님을 섬기고 교제하면서, 지시하시는 명을 성령님을 통해 받아 성령님의 도움으로 순종하며, 매일매일 천국에 상급을 쌓는 것이 천국복음인 것입니다. 분명히 말씀은 세상과 짝하고 벗하며 세상을 사랑하는 것이 하나님과 원수되는 것이라고 기록하였는데도, 한국교회의 목회자들은 성도들을 정결한 처녀로 주님께 중매하기는커녕, 세상을 사랑하게 하여 하나님과 원수 되게 하는 것입니다. 천국 문을 가로 막고 서서 자기도 들어가지 않으면서 들어가려는 성도들을 못 들어가게 하는 심각한 죄악을 범하고 있는 것입니다. 게다가 한국교회는 마태복음 16장 18절을 잘못 해석하는 치명적인 오류까지 범한 것입니다.

"또 내가 네게 이르노니 너는 베드로라 내가 이 반석 위에 내 교회를 세우리니 음부의 권세가 이기지 못하리라"
(마16장18절)

주님이 이 말씀을 주실 때는 공격적 의미로 주신 것인데, 한국교회는 이를 방어적으로만 해석한 것입니다. 즉 교회가 복음의 권능으로 무장되어 세상으로 치고 나가면 세상을 점령하고 있는 음부의 권세가 이기지 못하고 쫓겨 나가게 되는 의미로 주신 것입니다. 그러나 한국교회는 울타리를 높이 쌓고 있으면 음부의 권세가 침투하지 못한다고 정반대로 해석한 것입니다. 그렇지 않아도 자기 교회만을 위하는 극도의 이기주의로 담을 쌓고 있는 한국교회가 이 말씀마저 잘못 해석하여 더욱 더 울타리를 높게 쌓기에 이른 것입니다.

이미 내부적으로 부패와 타락에 의해 썩어 들어간 한국교회가 방어만하다 보니 세상의 악이 홍수처럼 밀려 들어와 그만 무너지고 세상과 동화되어 버리고 만 것입니다. 교회가 이처럼 권능을 상실하게 될 때 마귀는 더욱 멋대로 극성을 부려 그 사회는 온갖 부정과 비리와 사기와 폭력과 잔인한 범죄들로 차고 넘치게 되며, 음란이 광란을 부리게 되는 것입니다. 이번에 터져 나온 〈미투운동〉으로 사회의 치부가 까밝혀졌으나, 이는 빙산의 일각일 뿐입니다.

현재 한국교회는 출애굽을 하여 광야로 나왔다가 물질의 풍요를 누리게 되자 재빨리 보따리를 다 싸들고 애굽으로 되돌아가 여기가 좋사옵니다 하며 눌러 앉은 상태인 것입니다. 이스라엘도 출애굽을 한 후 광야에서 금송아지 우상을 만들어놓고 숭배하며 불신앙과 불순종의 죄악을 범했고, 끊임없이 애굽으로 되돌아가기를 종용했으나, 위대한 종 모세가 있었기에, 그들은 끝내 애굽으로 되돌아가지 않고, 40년 동안의 광야생활을 거쳐 가나안으로 들어 갈 수 있었던 것입니다.

그런데 이스라엘도 돌아가지 않았던 애굽으로 한국교회는 서로 앞 다투어 돌아간 것이며, 특히 한국교회의 경우, 애굽행을 말렸어야 할 주의 종들이 먼저 복음을 변질 시켜 기만된 양들을 이끌고 애굽으로 되돌아갔던 것이며, 목회의 성공에만 혈안이 되어 있는 것입니다. 애굽으로 되돌아가면, 마귀에게 자진해서 돌아가 스스로 사로잡힌 경우이기에, 나중 형편이 처음 형편보다 훨씬 나쁘게 되는 것입니다. 그리고 철저히 사로잡혀 눈과 귀가 다 멀게 되는 영적 불구자가 되는 것입니다. 그래서 옛 뱀에게 온몸이 칭칭 감겨 숨이 조여 오는 상태이면서도 자신들은 예수를 최고로 잘 믿는 줄 아는 착각과 도취에 빠져 있는 것입니다. 그것이 라오디게아교회의 전형인 것입니다.

"네가 말하기를 나는 부자라 부요하며 부족한 것이 없다 하나 네 곤고한 것과 가련한 것과 눈먼 것과 벌거벗은 것을 알지 못하는도다" (계시록 3:17)

그래서 한국교회는 착각과 도취에 빠져 거룩한 예배를 드리는 것으로 안위를 삼고 있지만, 애굽에 눌러 앉아 거룩한 예배를 드리고, 온갖 봉사활동과 선교를 하면 무슨 소용이 있겠는지요? 애굽에 눌러 앉아 있으면 가나안이 보일리가 만무하며, 그래서 때에 관해 전혀 무지하게 되는 것이고, 복음이 땅 끝까지 전파되어야 함으로 아직 10년-30년은 더 시간이 있다고 오판하고 있는 것입니다.

마귀에게 꼼짝없이 사로잡혀 있으니, 창세가 3장 15절로부터 시작된 처절한 영적전쟁을 알 수 없는 것이고, 주님의 편에 서서 주님의 나라와 의를 먼저 구하며 좋은 군사로 쓰임 받기는커녕, 오히려 원수의 편에 서서 하나님께 대적하는 상태인 것입니다. 전 세계에서 오직 한국만이 유일한 분단국가이고, 매일매일 분단의 비극과 북한의 우상숭배 참상을 직접 목도하고 있으면서도 낫 놓고 기역자도 모른다는 속담처럼, 그 영적배경을 전혀 깨닫고 있지 못하는 것입니다, 이스라엘이 부패 타락하여 하나님 앞에서 범죄 할 때 하나님은 반드시 적을 일으켜 채찍으로 삼음으로써 회개케하고 돌이켰던 것입니다. 하나님이 이스라엘의 실패를 보고 교훈으로 삼아 그 실패를 답습, 반복하지 않도록 구약을 주셨지만, 말씀공부를 많이 했으면서도 영적소경이 된 한국교회는 전혀 깨닫지 못하고 있는 것입니다.

절대 불필요한 일을 하시지 않는 하나님이 남북통일을 허락해 주실 것이면, 벌써 옛날에 해주셨을 것인데도, 70년의 긴긴 세월 동안 허락하지 않으시고 북한을 더욱 사악한 집단으로서 생화학 무기와 핵으로 무장되게 하실 때에는 채찍 정도가 아니라 몽둥이로 예비하시고 계심을 깨달아야 함에도 불구하고 영적 까막눈이 되어 도무지 깨닫지 못하고 있는 것입니다. 그러자 이제는 평창올림픽을 통해 〈우리는 하나다!〉라는 평화공세에 말려들어 세뇌되었고, 평화통일의 환각제를 먹어 다 취한채 깊이 기만되면서 결국 공산치하에 떨어져 멸망으로 끌려 들어가게 된 것입니다. 이 내용은 후에 뒤에서 다시 다루겠지만, 이 모든 비극이 결국 복음을 종교로 받아들이는 첫 단추가 잘못 끼워졌기에 비롯된 것입니다.

잘못 끼워진 단추는 예수를 믿는 궁극적인 목적까지도

잘못되게 하였습니다. 그래서 한국교회는 예수를 잘못된 목적으로 믿고 있는 것입니다. 한국교회는 예수를 자기를 위해 믿는 것입니다. 자기가 이 세상에서 잘되는 것과 자기 가족이 이 세상에서 잘되는 것에 목적이 있는 것입니다. 하나님이 구세주이신 예수님을 통해 우리를 구원하여 자기와 자기 가족이 이 세상에서 잘 누리다가 죽은 후 천국으로 들어와 영생을 살게 해주셨다고 믿는 것입니다. 하나님은 한국 성도들과 종들의 기도를 듣는 것이 역겹다고 하십니다. 오직 자기와 자기 가족만을 위해 달라고 하며 구하기 때문인 것입니다. 종들은 자기 교회의 목회만을 위해 달라고 하며 구한다는 것입니다. 예수를 믿는 목적은 자기를 버리고 자기가 죽어 자기를 희생하여 오직 주님의 나라와 의를 위해 헌신하며 하나님 아버지의 뜻이 하늘에서 이루어진 것 같이 이 땅에서도 이루어지기 위해 주님의 돕는 배필이 되어 내조해 드리는 것이고, 하나님과 영원한 사랑을 나누며, 하나님의 사랑으로 이 세상을 되찾아 정복하는 것입니다. 한국교회는 카톨릭으로부터 온 사도신경을 예배에서 암송하는데, 그 순서에 저는 사도신경 대신 주님이 가르치신 주기도문을 외웁니다. 사도신경에는 주기도문의 가장 핵심적인 내용이 빠져 있는 것입니다.

즉 "나라이 임하옵시며 뜻이 하늘에서 이루어진 것 같이 땅에서도 이루어지이다"가 빠져 있는 것입니다. 가장 근본적인 목적이 빠져 있는 것입니다. 한국교회가 복음을 종교로 받아들였기에 궁극적인 목적에 관심이 없는 것이며, 목적을 바꾸어 놓은 것입니다. 한국교회는 예수를 뜨겁게 잘 믿는다고는 하지만, 잘못된 목적으로 열심히 잘 믿는 것입니다. 잘못된 목적이 올바른 목적으로 바뀔 때 한국교회는 엄청난 쓰임을 받아 핵심적인 사명을 감당 할 수 있을 것입니다. 실은 그래서 하나님이 한국민족을 택하고 부르신 것입니다. 그러므로 이제는 복음을 종교로 받아들인 첫 단추를 다시 올바르게 끼고, 처음부터 다시 시작해야 하는 것입니다.

"너희는 먼저 그의 나라와 그의 의를 구하라 그리하면 이 모든 것을 너희에게 더하시리라" (마태복음 6장33절)

Chapter 5

창세기 3장 15절부터 시작된
영적전쟁과 세월호의 비극

아담과 하와가 옛 뱀인 마귀의 기만에 속아 불신앙과 불순종의 죄를 범하게 되었고, 죄로 인해 마귀의 지배하에 떨어지게 되었으며, 마귀는 아담과 하와에게 주어진 세상을 다스리는 권세를 불법적으로 탈취하게 되었습니다. 그런데도 마귀는 뻔뻔스럽게도 자신이 불법적으로 빼앗은 것이 아니고, 인간들이 죄로 인해 자기 밑에 들어왔음으로 자신에게 합법적으로 넘겨졌다고 주장하는 것입니다. 이를 누가복음 4장 5절-6절에서 확인 할 수 있습니다.

"마귀가 또 예수를 이끌고 올라가서 순식간에 천하만국을 보이며 가로되 이 모든 권세와 그 영광을 내가 네게 주리라 이것은 내게 넘겨 준 것이므로 나의 원하는 자에게 주노라"
(눅4장5~6절)

이 말씀에서 〈이것은 내게 넘겨 준 것이므로〉의 표현이
자신에게 합법적으로 넘겨졌다고 주장하는 것이며, 공의의
하나님으로서는 합법적으로 되찾을 수 밖에 없으신 것이
고, 그 합법적인 방법을 위해 가장 근본적인 문제가 죄의
문제인고로 죄가 사해지는 길을 마련하시게 된 것입니다.
창세기 3장 15절에서 〈여자의 후손〉은 동정녀를 통해 죄
없으신 몸으로 오시어 대속물의 속건제가 되어 주실 구세
주와 그를 믿고 따르게 될 성도들을 의미한 것입니다. 그리
하여 마귀는 이를 저지해야 했던 것이고, 그래서 회복사역
을 이루시는 하나님과 이를 모든 수단 방법을 다 동원하여
저지하겠다는 마귀와의 처절한 영적전쟁이 시작된 것인데,
이 전쟁은 말씀의 전쟁이요, 육과 영의 전쟁인 것입니다.
하나님은 육에 의해 마귀의 지배 하에서 죄의 노예가 된 인
간들을 말씀의 영으로 육을 이기게 하여, 회복사역을 이루
시는 것이고, 마귀는 이를 철저히 저지 시키어 예수님의 재
림을 막고, 하나님의 회복사역이 무효화되도록 함으로써,
이 세상을 불법적으로 다스리는 권세를 영구히 유지하며,
붙잡혀 무저갱에 떨어지는 운명을 면하겠다는 것입니다.

따라서 영적전쟁은 처절할 수밖에 없는 것입니다.

창세기 6장에 기록된 말씀에 의하면, 하나님의 아들들이
사람의 딸들을 아내로 삼아 네피림이 나왔는데, 성경학자
들은 하나님의 아들들이 타락한 천사들이며, 하나님께서는
네피림의 번성과 관영한 죄악을 보시고 한탄하시어 노아의
가족들만을 남기고 대홍수로 쓸어 버렸다고 설명하는 것입
니다. 그러나 노아의 후손들도 마귀의 영향력에 의해 죄악
에 빠지게 되었는데, 그 후 하나님께 정면으로 도전한 사건
이 바벨탑을 쌓는 반역이었습니다. 그리고 적그리스도의
모형으로 첫 번째 나타난 인물이 니므롯이었는데, 그는
〈영걸〉로 불리웠고, 〈용감한 사냥꾼〉으로도 불리웠는데,
이는 〈영혼의 사냥꾼〉이면서 전쟁에서 수많은 사람들을 죽
이게 되는 의미였던 것입니다. 또 그의 이름에는 〈하나님
께 반역하다〉와 〈표범〉이라는 의미도 있었습니다. 니므롯
이 죽게 되자 아내 세미라미스는 사생아로 낳은 담무스를
니므롯이 환생한 것으로 꾸미고 자신도 여신이 되었으며,
마귀는 삼위의 하나님을 모방, 도전하여 니므롯과 세미라

미스와 담무스를 삼신일체의 우상으로 숭배 받게 하였던 것입니다.

이 삼신일체 우상을 섬겼던 바벨론 신앙이 각 지역으로 흩어져 여러 다른 형태의 삼신일체 우상으로 나타나게 되었는데, 그 대표적인 예가 애굽의 이시리스와 이시스와 호루스 우상이었습니다. 그리고 수많은 우상들이 각 지역에서 숭배되었는데, 야훼 하나님을 섬기는 이스라엘 민족조차도 긴긴 역사 동안 이방신들의 우상을 섬기는 죄악을 범하곤 했으며, 대표적인 예가 다곤, 몰렉, 바알, 담무스, 아세라, 제우스, 아데미 등등이었지요.

예수님이 메시야로 오시어 구속사역을 이루시고 부활 승천하신 후 성령님의 강림으로 시작된 교회가 이방 가운데서 급속도로 확산되자, 위협을 받게 된 마귀는 교회를 무너뜨릴 최고의 계략을 짜내게 되었습니다. 그것이 교회와 유사한 가짜 모조품을 세워 교회속에 침투 시키고 뒤섞이게 한 것입니다. 그래서 최고의 걸작품이 탄생되었는데, 그것이 로마의 카톨릭이었던 것입니다. 마태복음 13장 25절과

26절 및 29절과 30절은 이렇게 기록하고 있습니다.

"사람들이 잘 때에 그 원수가 와서 곡식 가운데 가라지를
덧뿌리고 갔더니 싹이 나고 결실 할 때에 가라지로 보이
거늘…"
"주인이 가로되 가만 두어라 가라지를 뽑다가 곡식까지 뽑
을까 염려하노라 둘 다 추수 때까지 함께 자라게 두어라
추수 때에 내가 추수꾼들에게 말하기를 가라지는 먼저 거
두어 불사르게 단으로 묶고 곡식은 모아 내 곳간에 넣으
라 하리라" (마13장25, 26, 29~30절)

가톨릭은 AD313년 콘스탄틴 대제가 교회를 로마의 정
치적 권세와 결부 시키고, 바벨론의 우상들까지 불러들여
새로운 모조품을 만든 것인데, 마귀의 최고 걸작품이었고,
마귀의 최고 보루이며, 초대형 이단으로서, 주님이 말씀하
신 가라지였던 것입니다. 그들은 성모 마리아를 숭배하며,
성당 뜰에 마리아 우상 외에, 한 여인이 남자 아이를 안고
있는 우상을 종종 보게 되는데, 모친 마리아가 아이 예수를

안고 있는 형상이 아니라, 실상은 세미라미스가 담무스를 안고 있는 우상인 것입니다. 그리고 신부들이 고해성사를 듣는 것은, 예수님이 십자가에서 구속사역을 다 이루심으로 사람이 직접 하나님께 나아 갈 수 있도록 길을 여신 위대한 역사에 정면으로 도전하는 악행인 것입니다.

"-우리가 예수의 피를 힘입어 성소에 들어 갈 담력을 얻었나니 그 길은 우리를 위하여 휘장 가운데로 열어 놓으신 새롭고 산 길이요 휘장은 곧 저의 육체니라"
(히브리서 10장19-20절)

"또 십자가로 이 둘을 한 몸으로 하나님과 화목하게 하려 하심이라 원수된 것을 십자가로 소멸하시고..."
(에베소서 2장16절)

그리고 마태복음 23장 9절은 이렇게 기록하고 있는 것입니다.

"땅에 있는 자를 아버지라 하지 말라 너희의 아버지는 한
분이시니 곧 하늘에 계신 이시니라" (마23장9절)

그런데도 카톨릭은 교황을 거룩한 아버지라 부르며, 하
나님의 거룩한 아버지의 존칭을 찬탈하고, 대신 우상으로
숭배 받고 있는 것입니다. 이처럼 카톨릭은 마귀가 교회를
무너뜨리기 위해 혼잡케 하며 대적하는 모조품인 것이고,
교황이 사용하는 모든 인장 및 바티칸의 모든 상징물들과
벽화들도 다 태양신의 루시퍼를 섬기는 형상인 것입니다.

"내가 보니 여자가 붉은 빛 짐승을 탔는데 그 짐승의 몸에
하나님을 모욕하는 이름들이 가득하고 일곱 머리와 열 뿔
이 있으며 그 여자는 자주 빛과 붉은 빛 옷을 입고 금과 보
석과 진주로 꾸미고 손에 금잔을 가졌는데 가증한 물건과
그의 음행의 더러운 것들이 가득하더라"(계시록 17장3-4절)

긴긴 교회역사 동안 가톨릭은 헤아릴 수 없이 많은 진실
한 크리스찬들을 온갖 만행을 다 동원하여 탄압하고 잔인

하게 처형했으며, 나치와 합력하여 유대인들도 핍박 처형했던 것입니다. 그리고 바티칸의 비밀결사조직인 사제들의 제수이트(Jesuit) 즉 예수회는 막강한 권력과 금력을 동원하여 막후에서 전 세계에 지대한 영향력을 행사하며 하나님의 역사에 대적해 오고 있는 것입니다. 마귀는 긴긴 인류 역사 동안 우상숭배를 하게 하는 각종 종교들과 무속적인 미신들을 일으키는 한편 수많은 비밀조직들을 세워 막후에서 세상을 조정해왔던 것입니다. 그 예들이, 300인 위원회, 프리메이슨, 일루미나티, 삼각위원회, 외교관계협의회, 왕립국제문제연구소, 빌더버그, Skull & Bones, 보헤미안클럽 등이고, 유엔도 실상은 마귀의 영향력에 의해 조정되는 기구인 것입니다. 그런데 계시록 12장 12절 말씀은 이렇게 기록하고 있습니다.

"그러나 땅과 바다는 화있을진저 이는 마귀가 자기의 때가 얼마 못 된 줄을 알므로 크게 분 내어 너희에게 내려갔음이라 하더라" (제12장12절)

따라서 마귀는 자기의 때가 얼마 안남은 줄을 알므로 모든 비밀 엘리트 조직들을 규합하여 단일세계정부와 단일세계종교 시스템의 신세계 질서 호를 출범 시키고, 전 세계를 10지역으로 나누어 각 지역마다 통치자를 세우며, 적그리스도를 최고 통치자로 세우는 한편 거짓 선지자를 단일세계종교의 최고 수장으로 앉히려는 것입니다. 그리고는 인류에게 666 짐승의 표를 삽입케 하여 인을 침으로써 마귀의 영구적인 종속물로 삼아 통제하려 하는 것입니다. 이제 곧 환난기가 시작됨으로 현재 널리 사용되고 있는 베리칩 이상 다른 시스템이 개발 될 시간이 없고, 베리칩이 모든 기능을 충족시키고 있음으로 베리칩을 짐승의 표로 보아야 할 것입니다. 마귀는 그렇게 하여 예수 그리스도의 재림을 저지 시키고, 하나님이 이루시는 회복사역을 무효화 시키며, 루시퍼 자신이 이 세상을 불법적으로 다스리는 권세를 영구히 유지하겠다는 것입니다. 결국 붙잡혀 무저갱에 떨어질 운명을 면하겠다고 최후의 발악을 하는 것입니다.

특히 신세계 질서 세력의 한 조직인 일루미나티는 할리우드의 대작 영화들을 통해 인류를 세뇌하는 수법을 사용하는데, Subliminal 메시지, 즉 인간의 무의식 속에 메시지가 주입되도록 하는 수법인 것입니다. 그래서 그동안 수많은 할리우드 대작 영화들을 통해 외계문명설로 인류를 세뇌해 왔던 것이며, 스타워즈 같은 영화를 통해 흉측한 괴물들에게 친근감을 갖도록 세뇌한 것은 이제 곧 흉측한 모습으로 등장할 타락한 천사들을 친근하게 받아들이게 하기 위한 계략인 것입니다. 그들은 대중음악도 막중하게 사용하며, 그들의 아젠다를 따르지 않을 때 무자비하게 제거함으로써 공포심을 조성해 왔던 것입니다. 그동안 수많은 가수와 연기자들이 제거되었는데, 마이클 잭슨, 휘트니 휴스턴, 로빈 윌리암스 등이 그 좋은 예입니다.

오늘날 신세계 질서 체제를 주도하는 나라는 미국입니다. 미국은 영국의 청교도들이 건너와 세운 나라이기도 하지만, 실상은 유럽에서 활동하던 프리메이슨 엘리트들도 건너와 독립에 결정적인 기여를 하여 국가를 설립했던 것입니다. 미국의 초대 대통령인 조지 워싱턴을 비롯해 토마스 제퍼슨, 벤자민 프랭클린, 존 아담스, 해리 트루만 등등

많은 대통령들이 프리메이슨입니다. 프리메이슨은 아니더라도 대통령에 당선되고, 그 직책을 유지하려면 프리메이슨의 영향력을 받지 않을 수 없는 것이며, 거부 할 경우 케네디같이 암살당하게 되는 것입니다. 그렇다면 미국이 어떻게 복음 전파의 도구로 그처럼 막중히 쓰임을 받았을까라는 의문을 가지는 분들이 계실 것입니다. 우선 인류의 역사는 창세기 3장 15절로 부터 시작된 영적전쟁에 따라 빛과 흑암의 두 바퀴가 함께 돌아가며 이루어짐을 이해해야하는 것입니다. 그리고 하나님은 신명기에 기록되었듯이, 복과 저주, 생명과 사망을 앞에 놓고 선택을 하게 하십니다. 청교도 신앙의 유산을 물려받은 미국이 복과 생명을 선택하여 믿음과 순종으로 하나님의 막중한 쓰임을 받는 동안에는, 선이 악을 이기며 엄청난 축복을 받았고, 세계 최강국으로 일어서게 되었던 것입니다. 그러나 세계 최강국으로서의 교만이 싹트게 되면서 하나님의 말씀을 떠나고, 등을 돌리기 시작하더니 이제는 배도가 아니라 반역 도전하기에 이른 것입니다. 복과 생명을 택했던 미국이 저주와 사망을 스스로 택한 것이며, 그러자 숨겨져 있던 어두움의 세력이 득세하면서 결국 오늘날에 와서는 신세계 질서 세력이 미국을 완전히 접수 장악하게 이른 것입니다. 미국의 1달라 지폐를 보면 피라미드와 전시안이 도안되어 있고, 그 아래에 라틴어로 〈신세계 질서〉라고 쓰여 있는 것입니다. 그리고 이제 신세계 질서 호가 본격적으로 출범 할 만반의 태세를 갖추고 있는 것입니다.

이 신세계 질서 세력은 곧 옛 타락한 천사들을 이 세상으로 끌어 들이게 됩니다. C.E.R.N(세른)은 유럽입자 물리연구소로서, 스위스 제네바와 프랑스 사이의 국경에 위치해 있는 세계 최대의 입자 물리학 연수소입니다. 이 연구소는 지하에 거대한 L.H.C(Large Hadron Collider) 즉 대형 강입자 충돌기를 가동하고 있는데, 길이 27km에 달하는 튜브 속에서 양성자를 빛의 속도에 가깝게 가속 시킨 뒤 정면충돌을 시키는 장치로서, 명목상으로는 빅뱅의 원리를 연구하여 우주의 기원을 밝혀낸다는 것이지만, 실상은 이 장치로 영계의 관문(Portal)을 뚫어 타락한 천사들을 불러 들이는 시도를 하고 있는 것으로 알려지고 있는 것입니다.

주님께서 몇몇 사역자들에게 주신 메시지에 의하면, 환난기 동안 그 타락한 천사들이 다시 나타나게 된다는 것입니다. 그 C. E. R. N 본부 앞에는 전혀 어울리지 않게 거대한 힌두의 시바 여신상이 세워져 있는데, 시바는 죽음과 파괴의 여신이며, 이는 엄청난 죽음과 파괴를 이 세상에 불러오려는 그들의 숨은 계략을 말해 주고 있는 것입니다. 2005년 8월 9일에는 뉴욕 맨해튼의 엠파이어 스테이트 빌딩에 또 다른 힌두의 죽음과 파괴의 여신인 칼리의 끔찍한 형상이 영사되는 참으로 구역질나는 이벤트가 벌어졌는데, 8월 9일은 일본 나가사키에 두 번째 원자탄이 투하되었던 날로서, 이 역시 핵이 사용되는 대형 테러를 꾸미고 있는 그들의 흉계를 말해 주고 있는 것입니다. 그들은 이미 HARP 라는 시스템을 통해 기후를 조작하면서 각종 자연 재난들도 일으키고 있는 것입니다.

특히 신세계 질서 세력은 그들의 목적을 달성하기 위해 False Flag(내부 자작극)의 수법을 사용하여 충돌과 폭력 사태를 야기하며, 전쟁으로 까지 끌고 감으로써 대공황의

Chaos를 조성하는 것인데, 911 테러가 그 대표적인 예였던 것입니다. 부시대통령은 그의 아버지 대통령에 이어 신세계 질서의 신봉자인 것입니다. 당시는 그저 음모론이라며 무시했으나, 이제는 911 테러가 False Flag이었음을 알만한 사람은 다 아는 것입니다. 비행기가 쌍둥이 빌딩에 충돌했다고 해서 그렇게 폭삭 붕괴되지는 절대 않는 것은 상식이며, 고차원의 건물 붕괴 폭파의 기술이 사용되었음이 많은 증거들을 통해 밝혀졌던 것입니다. 그럼에도 진실이 규명되지 못하는 것은 미국이 이미 신세계 질서 세력에 의해 완전히 장악되었기 때문에 어림도 없는 것입니다. 그들은 911사태를 명분으로 삼아 아프가니스탄과 이라크를 침공하여 사담 후세인을 제거했고, 후에 리비아의 카다피도 제거했는데, 적그리스도가 등장하기 위해서 지역적 독재자들을 먼저 제거하여, 적그리스도의 길을 예비하기 위함이었던 것입니다. 그 이후로도 그들은 수많은 False Flag 사태를 밥 먹듯이 저질렀는데, 보스톤 마라톤 테러와 라스베가스 총격 학살도 다 그들의 조작극이었던 것입니다. 그리고 이제 핵이 사용되는 초대형 False Flag 사태를 일으켜

계엄령을 선포하고 완전히 통제할 만반의 준비를 갖추고 있는 것입니다.

한국에도 이미 신세계 질서 세력이 깊숙이 침투해 있는 상황인 것입니다. 복음이 이 땅에 처음 들어 올 때부터 비밀세력이 함께 숨어 들어왔습니다. 양화진의 외국인 선교사 묘지에 가보면 버젓이 프리메이슨 상징이 여러 묘비에 새겨져 있음을 볼 수 있습니다. 복음이 처음 전해질 때부터 그들이 침투했으니, 오늘날에는 요소요소에 깊숙이 포진되어 있을 것을 알 수 있습니다. 그러니 WCC 개최를 하게 된 것도 너무나 당연한 수순이었고, 지금은 교계 전반으로 확산된 실정인 것입니다. 강남에 있는 모 교회의 건물이 일루미나티 심벌들로 장식되어 있다는 폭로의 유튜브가 화제가 되고 있기도 합니다. K-Pop 의 대다수 멤버들이 일루미나티를 공공연히 홍보하고 있다는 폭로도 있습니다.

저는 세월호의 참사를 다룬 다큐멘터리 영화 〈그날, 바다〉를 개봉 첫날, 첫 회에 찾아가 보았습니다. 그 영화는 오직 Fact 만을 놓고 과학적으로, 그리고 논리적으로 그 참사가 절대 단순 사고가 아니고, 의도적으로 일으킨 사고였음을 부정 할 수 없도록 입증해 내었습니다.

그리고 그 영화의 결론은 국정원이 개입되었다는 것입니다. 그러나 그 영화는 거기까지입니다. 따라서 국정원이 무슨 이유로 개입했는지는 말해 주고 있지 않습니다. 해경이 의도적으로 구출하지 않은 수많은 증거들도 또 다른 매개체를 통해 제기되었습니다. 검찰이 최근 박근혜 전 대통령의 이른바 7시간 의문에 대해 최종 조사 결과를 발표했는데, 그 발표는 박 전 대통령이 이미 사전에 알고 있었다는 심증을 갖게 하기에 충분했습니다. 세월호 참사의 영적 배경을 언급하려 하면, 사람들은 그저 음모론이라며 부정해 버립니다. 이 세상의 인류역사가 창세기 3장 15절로부터 시작된 처절한 영적전쟁에 의해 진행되고 있고, 특히 이 마지막 때에 더욱 마귀가 광분하여 날뛰는 때에 그저 음모론이라며 부정하니, 그 비극이 해결될 리가 없는 것입니다.

저는 세월호 비극이 일어났던 4월 16일이 미국시간으로는 4월 15일의 유월절 날이었고, 특히 테트라드의 첫 번째 유월절 핏빛 보름달이 뜨는 날이었음에 주목하고 있습니다. 우리나라와 같은 날의 이스라엘 시간으로 4월 16일은 무교절로서, 예수님이 십자가에서 내려져 한 알의 밀로서 땅속에 묻히셨던 날인데, 바로 그 날 300명 이상의 꽃다운 젊은이들이 바다 속에 수장되었던 것입니다. 그리고 박 전 대통령이 오바마와 매우 친근한 관계였음에 주목하고 있습니다. 물론 심증은 있으나 객관적인 증거는 없습니다. 그 세월호 비극으로부터 금년이 4년이 되었습니다. 이 4년은 누가복음 13장 6절-9절에 기록된 바, 3년 동안이나 열매 맺지 않는 무화과나무를 주인이 찍어 버리려 하였으나, 과 원지기의 간청으로 1년이 더 연장된 4년에 해당된다고 보고 있습니다. 따라서 세월호 비극이 발생한지 4년이 되도록 깨닫지 못하는 이 나라와 민족에게 도끼로 찍어지는 심판이 이제 임한다고 보는 것이고, 한국호가 침몰하게 된다고 보는 것입니다. 저는 청주의 청남대를 방문했다가 놀라운 사실을 깨달았습니다. 미국에서는 한 대통령이 중임을 할 경우에도 인물별로 대수를 카운트합니다. 그런데 한국에서는 인물별로 카운트를 하지 않고, 임기별로 대수를 카운트합니다. 그래서 박 전 대통령이 18대였으나, 인물별로는 11대 대통령이 되는 것이며, 11은 Judgment(심판)의 의미인 것입니다. 그래서 박 전 대통령으로 인해 심판의 사태가 임할 수 있겠다 싶었는데, 개인적으로는 심판을 받고 있는 셈입니다.

저는 현재 급속도로 진행되고 있는 남북의 평화도 매우 불길하게 보고 있습니다. 현송월이 공연 장소를 점검 차 처음 방남을 할 때 아무런 이유도 없이 하루를 연기하여 내려왔습니다. 그래서 내려온 날이 1월 21일이었는데, 바로 그날은 김신조를 포함한 북한의 무장공비들이 청와대를 습격하여 박정희 대통령을 살해 할 목적으로 침투한지 정확하게 50년이 되는 날이었던 것입니다. 50은 희년의 해방을 의미하는 수이기도 하지만, 완성을 의미하는 뜻도 있습니다. 저는 즉각적으로 50년 전에는 기습이 실패했지만, 이제는 곧 이루어지게 된다는 의미로 해석되었습니다. 농촌교회를 섬기면서 나라와 민족을 위해 철야기도를 밥 먹듯

하는 한 기도의 종은 현송월 뒤로 거대한 용이 따라오고 있는 Vision을 보셨다고 간증을 올리기도 하였던 것입니다. 그 후 예상과 달리 삼지연으로 명명된 예술단이 내려왔는데, 삼지연은 백두혈통의 우두머리 김일성과 연관된 이름이었던 것입니다. 그리고 예상 밖에 만경봉호가 내려왔는데, 만경봉의 이름도 백두혈통의 김일성과 연관된 이름이었던 것입니다. 그런데 과연 백두혈통의 김여정이 내려왔고, 이는 백두혈통의 침범이 있게 된다는 싸인 으로 해석되었던 것입니다. 그리고 예술단과 응원단 여성들이 모두 빨간 외투를 입고 내려왔는데, 저는 즉각 우리 민족이 월드컵을 유치하여 그렇게 목이 터져라 〈붉은 악마〉를 외쳐대었던 죄악이 상기되었던 것입니다. 당시에는 교회에서 까지 꽹과리를 울리며 붉은 악마를 외쳤던 것입니다. 평창올림픽 개막식 때 김연아가 성화를 점화한 후 그 성화의 기를 받아 잠들어 있던 붉은 도깨비들이 깨어나서 온통 주위를 불바다로 장식하는 광란의 펄퍼먼스를 펼쳤던 것입니다. 그리고 그 광경을 "서울을 불바다로 만들겠다"고 위협했던 김영철이 VIP석에서 내려다보고 있었고, 그는 워커힐 호텔 두층을 모두 차지하는 국빈의 환대를 받고 돌아간 것입니다. 그 후 한국의 유명 가수들이 평양에 올라가 〈봄이 온다〉는 주제로 공연을 했고, 마침내 남북정상회담이 열리면서 평화가 이미 이루어졌고, 남북통일이 이미 이루어진 듯, 한국인들은 모두 환각상태에 빠지게 된 것입니다. 북한이 고도의 세뇌 심리전을 통해 위장평화 공세를 펼친 때문이기도 하지만, 저로서는 하나님이 허용하신 섭리가 있기 때문이라고 보는 것입니다. 그 해답을 데살로니가후서 2장 11절-12절에서 찾아 볼 수 있습니다.

"이러므로 하나님이 미혹의 역사를 그들에게 보내사 거짓 것을 믿게 하심은 진리를 믿지 않고 불의를 좋아하는 모든 자들로 심판을 받게 하려 하심이니라" (살 후2장11~12절)

그러니까 한국교회가 천국복음의 진리를 믿지 않고, 기복신앙과 번영신학의 세상복음을 좋아함으로 심판을 허용하셨다는 것이며, 그래서 세월호 비극의 4년이 되는 때와 맞물려 이번 거짓과 기만의 평화가 이루어지고 있고, 결국 곧 심판으로 이어진다고 보는 것입니다. 북한에 납치되어 슬픔과 고난의 세월을 보냈던 은막의 여왕 최은희씨가 남북정상회담을 11일 앞두고 세상을 떠났습니다. 한국이 납치되는 심판의 의미가 아닐까 생각해 보았습니다.

"이렇게 칠 것은 그들이 내 백성을 유혹하여 평화가 없으나 평화가 있다함이라" (겔13장10절)

그런데 이 심판은 한국에만 아니라 미국에도 같이 임하게 된다고 봅니다. 수년전 어느 형편이 어려운 사역자 자매님이 주님의 명이라며 저에게 22만원을 보내 주시면서 홍선교사에게 특별한 싸인이 될 것이다라고 일러주셨다는 것입니다. 저는 22만원의 의미가 어디에 있을까를 놓고 한동안 고심했는데, 결국 11이 심판의 수임으로 미국과 한국에 임할 더블 심판의 의미라고 이해하게 되었습니다. 2016년 11월 12일, 저는 부산 남부민동에 있는 천마산 조각공원에 올라가 보고 싶은 감동을 받았습니다. 저는 천마산 기슭에서 피난 생활을 했기에, 천마산에 남다른 애정을 갖고 있었는데, 워낙 가팔라서 올라갈 엄두를 못 내고 있었던 것입니다. 그런데 그 날 감동이 있어서 올라갔고, 희한하게도 두 큰 싱싱한 나무가 나란히 쓰러져 있는 것이었습니다. 그동안 전혀 바람이 불지 않았고, 주위의 모든 나무들은 건재했으며, 인위적으로 파낸 흔적도 전혀 없는 것이었습니다. 사역기간 동안 수많은 기적의 체험을 한 저는 두 나무도 주님이 주신 더블 심판의 싸인이었다고 깨달아졌습니다. 뿌리가 싱싱했음으로 쓰러진지 몇 일 안되었다고 판단되었는데, 만일 바로 그 전날 천사가 쓰러지게 하였다면, 11월 11일이 됨으로 더블 심판에 해당되는 것입니다. 그럼 왜 미국과 한국에 더블 심판이 임하는 것일까요? 그것은 두 나라가 다 크리스찬 국가로서, 엄청난 축복을 받았고, 쓰임을 받는데도, 배도에 떨어졌기 때문인 것입니다. 그리고 베드로전서 4장 17절은 하나님의 집에서 먼저 심판이 시작된다고 기록하고 있기 때문인 것입니다. 설마 아니 미국 같은 세계 최강국이 심판을 받아 쓰러지겠는가 라고 생각한다면, 큰 오산입니다. 하나님이 심판하시면, 하루에도 무너질 수 있는 것입니다. 그리고 미국이 넘어지게 됨으로써,

하나님을 믿는다고 하면서도 하나님만을 절대적으로 신뢰, 의뢰하지 않고, 인간과 세상을 신뢰하며 의뢰하는 한국교회를 철저히 회개 시켜 돌이키시겠다는 것입니다. 쓰러진 두 나무의 간증이 믿기 어려우신 분들은 유튜브에 동영상으로 올려져있으니 〈더블 심판의 싸인으로 두 나무가 쓰러진 희한한 현상〉을 찾아 보시기를 권해 드립니다.

Chapter 6
불법의 자인
멸망의 자식은 누구인가?

주님은 여러 신실한 미국의 사역자들을 통해 적그리스도가 오바마임을 친히 이름까지 알려주며 일러주셨습니다. 개인이 받는 메시지는 참조만 해야 하지만, 여러 신실한 사역자들이 동일하게 메시지를 받았을 때에는 이를 경외함으로 받아들이면서, 객관적인 증거들을 통해 입증해 보는 자세를 가져야 하는 것입니다. 그래서 이미 유튜브 동영상으로 전한 내용이지만, 여기 조목조목 정리해 드리기를 원합니다.

1) 이사야서와 다니엘서는 적그리스도가 앗수리아인의 혈통에서 나올 것을 기록하고 있는데, 반면 예수님은 요한복음 5장 4절에서 이렇게 예언하셨던 것입니다.

"나는 내 아버지의 이름으로 왔으매 **너희가** 영접지 아니하나 만일 다른 사람이 자기 이름으로 오면 영접하리라"

(요5장43절)

그러니까 메시야로서 온 자신을 배척 처형하고, 다른 사람을 영접하게 될 것이라는 예언이셨는데, 유대인들은 그들의 메시야가 반드시 유다지파의 다윗 후손으로 오실 것을 믿고 있는 것이며, 그 혈통이 아니면 절대 메시야로 영접 할 수 없는 것입니다. 그렇다면 어떻게 한 사람이 두 혈통을 동시에 지닐 수 있을까요? 고대의 앗수리아는 오랜 세월 케냐를 포함한 아프리카를 지배했는데, 그래서 케냐인에게는 앗수리아인의 피가 섞여 있는 경우가 많은 것이며, 바로 오바마의 부친이 케냐인으로서, 앗수리아인의 혈통이 섞여 있음이 확인되었고, 오바마에게도 앗수리아인의 피가 있음이 입증된 것입니다.

반면 오바마의 모친은 유대계 백인으로서, 유다지파의 다윗 후손 혈통이며, 따라서 오바마에게도 유다지파 다윗 후손의 피가 있음이 입증된 것입니다. 오늘날 60억이 넘는 인류 가운데 과연 앗수리아인의 혈통과 유다지파 다윗 후손의 혈통을 동시에 지닌 사람이 몇이나 될까요? 특히 적그리스도로 예상되는 인물들 중에서 이 두 혈통을 동시에 지닌 자는 오바마 밖에 없는 것입니다.

2) 이사야 7장 14절은 "보라 처녀가 잉태하여 아들을 낳을 것이요 그 이름을 임마누엘이라 하리라"라고 기록하고 있는데, 6구절을 지나 20절은 애굽의 하수 저편에서 앗수르왕을 불러와 배도한 택한 백성에게 수욕을 가할 말씀을 기록하고 있는바, 애굽의 하수는 케냐까지 이어지며 그 끝자락이 케냐의 몸바사(Mombasa)라는 지역으로서, 바로 몸바사 Coast Province General 병원에서 오바마가 출생한 것이며, 그 병원에서 작성된 출생증명서가 이를 증명하는 것입니다. 그러나 오바마의 백인 모친은 오바마가 미국 시민권을 갖게 하기 위해 출생 후 곧 하와이로 날아 왔고, 하와이주에서는 산파에 의해 출생되는 경우가 많아, 그런 경우 일방적인 신고로도 출생신고가 받아들여졌으므로, 그렇게 하여 하와이에서도 출생신고가 이루어졌던 것입니다.

그러나 오바마의 할머니와 동생을 비롯한 모든 친척들도 오바마가 케냐에서 출생하였음을 증언했고, 오바마 자신도 상원시절 자신이 케냐에서 출생했음을 발언했던 것이며, 그의 부인 미쉘도 오바마가 케냐에서 출생하였음을 발언했고, 이 동영상들은 다 유튜브에 올려져 있는 것입니다. 따라서 오바마는 미국 대통령이 될 수 있는 자격이 없는 자였으며, 결국 불법적으로 대통령직을 찬탈한 불법자인 것입니다. 그렇다면 미국 같은 법치국가에서 어떻게 그처럼 불법으로 대통령직에 오를 수 있느냐고 의문을 제시 할 수 있겠지만, 그만큼 미국이 언론을 포함 신세계 질서 세력에 의해 완전히 접수 장악되어 있는 증거가 되는 것입니다. 따라서 주님의 탄생을 예언한 이사야 말씀으로부터 6구절 떨어져 앗수르 왕이 언급된 것은, 그가 말씀에 의해 운명적으로 태어난 인물임을 알게 하는 것입니다.

3) 오바마는 부모가 이혼한 후 모친이 인도네시아인 모슬렘과 재혼하게 되어, 어린 성장시절을 인도네시아에서 엄격한 이슬람의 신앙으로 보내었고, 이슬람의 골수분자가

되었으며, 그가 끼고 있는 반지에는 알라만이 유일한 신이라는 문자가 새겨져 있는 것입니다. 그러면서도 오바마는 자신이 크리스찬이라고 미국인들을 속여 대통령으로 당선되었는데, 이슬람은 그들의 목적을 위해 얼마든지 거짓말을 할 수 있도록 허용하기 때문입니다.

4) 오바마의 이름은 Barack Hussein Obama이고, 알파벳 18문자로 되어 있으며, 18은 666을 더한 수이고, 계시록 13장 18절을 상기케 합니다

"지혜가 여기 있으니 총명 있는 자는 그 짐승의 수를 세어 보라 그 수는 사람의 수니 육백육십육이니라"(계13장18절)

5) 666을 곱하면 216이 되고, 한 해의 216번째 되는 날이 8월 4일이고, 그 날이 바로 오바마의 생일인 것입니다.

6) 누가복음 10장 18절은 이렇게 기록하고 있습니다.

"예수께서 이르시되 사단이 하늘로서 번개 같이 떨어지는 것을 내가 보았노라" (눅10장18절)

그런데 오바마의 이름인 Barack이 히브리어로는 〈번개〉라는 의미인 것입니다.

7) 오바마가 대통령으로 당선되기 4일전이 악마의 날로 널리 알려진 〈할로윈 데이〉였습니다. 그런데 바로 그 날 전갈좌(Scorpio)의 중앙에서 붉게 껌벅이는 악마의 별 안타레스(Antares)를 달이 가리우는 Occultation 의 천체현상이 나타난 것입니다. 전갈은 사망을 쏘는 독충으로서, 따라서 이는 이 세상과 인류를 죽음과 파멸로 몰고 갈 사악한 자가 나타남을 알리는 하늘의 징조였고, 4일 후 오바마가 44대 대통령으로 당선된 것입니다. 44는 Death(죽음)과 Destruction(파멸)을 의미하는 수인 것입니다.

8) 오바마가 대통령으로 당선된 다음 날 그의 출신 주인 일리노이스주의 복권 당첨 번호가 666이었습니다.

9) 오바마가 거주했던 지역의 우편 번호가 60606으로서, 0을 빼면 666이 되는 것입니다.

10) 그가 대통령으로 타고 다닌 리무진이 Beast 로 명명되었는데, Beast 는 〈짐승〉이라는 의미인 것입니다.

11) 오바마가 대통령으로서 첫해의 세금보고서를 제출한 후 반환 받은 액수가 6,666불 66센트였습니다.

12) 그가 임기 중 에집트를 방문하여 피라밋 내부를 관광했는데, 피라밋 내부 벽화에 자신과 정확히 닮은 얼굴이 새겨져 있음을 발견하였고, 오바마는 자신과 닮았다며 놀라면서도 웃음으로 넘겼던 사건이 있었습니다.

13) 계시록 2장 13절은 주님이 버가모 교회에게 주신 말씀으로서 "네가 어디 사는 것을 내가 아노니 거기는 사단의 위가 있는데라"라고 기록하고 있는 바, 충성된 증인이 죽임을 당한 사건을 언급하고 있습니다. 성경 연구가들에

의하면, 버가모의 신전에 제우스 우상이 세워져 있었고, 그 곳에서 엄청난 인신제사가 행해졌다고 합니다. 그런데 나치가 그 버가모 신전의 모형을 그대로 옮겨와 독일 베를린에 거대한 신전의 스태디엄을 건축했고, 그 장소를 중심으로 히틀러가 일어났다고 합니다.

밤마다 그 스태디엄 신전의 지하에서는 광란의 집회가 열리곤 했는데, 결국 그 광란이 6백만의 유대인들을 학살한 범죄로 이어졌던 것입니다. 그런데 버가모 신전의 제우스 우상이 박물관의 전시라는 미명하에 베를린에 세워졌고, 그 신전의 우상을 통해 사단의 역사가 일어나고 있음이 알려지고 있으며, 오바마가 그 장소를 수차례 방문하여 능력을 부여 받은 것으로 알려지고 있습니다. 오바마가 덴버의 민주당 전당대회에서 대통령 후보로 지명 될 때 무대장식을 버가모 신전의 모형으로 꾸몄던 것이며, 덴버에 신세계 질서 세력의 지하본부 및 한 도시를 방불케 할 정도의 지하벙커가 존재함도 잘 알려진 사실입니다.

14) 적그리스도의 예표로 나타난 인물이 니므롯과 안티

오쿠스 에피파네스 왕과 히틀러라고 할 수 있는데, 니므롯은 창세기 10장 11절에 기록된 바, 앗수르 지역에서 일어났고, 안티오쿠스 에피파네스 왕은 예루살렘의 성전을 돼지 피와 삶은 국물로 더럽히는 동시에 지성소에 제우스 우상을 세웠던 것입니다. 따라서 히틀러도 버가모 신전을 통해 일어났던 만큼, 버가모 신전의 제우스 우상을 통해 능력을 받은 앗수리아인 혈통의 오바마는, 적그리스도의 세 예표적 인물들과 다 연관이 되는 것입니다.

그리고 니므롯의 이름에는 〈표범〉의 의미도 있음을 앞서 설명 드렸는데, 오바마는 그의 자서전 〈Dreams from My Father〉(내 아버지로 부터의 꿈)에서 자신을 〈표범〉과 연관시키고 있는 것입니다.

15) 그는 재임 중 모든 국민에게 베리칩을 삽입 시키는 의료법안을 통과 시켰고, 전국적으로 천여곳의 수용소들을 건설해 놓았으며, 3만대의 단두대 및 수백만의 플라스틱 관들도 준비해 놓은 것입니다. 환난기 동안 헤아릴 수 없는 생명들을 처형 할 준비를 해놓은 것으로서, 경찰과 군인들

도 이를 집행 할 훈련을 받은 것입니다. 그런 대학살의 악한 흉궤는 어디로부터 왔을까요? 아마도 엄청난 인신제사가 행해졌던 버가모 신전으로부터 전해 받았을 것으로 판단되는 것입니다. 따라서 박근혜 전 대통령과 각별히 친밀한 관계를 유지했었던 만큼, 확증은 없지만, 세월호 사건과 연관하여 의심을 해 볼 수 있는 대목인 것입니다.

16) 2012년 런던올림픽 때 미국의 세레나 윌리암스 선수가 테니스 종목에서 우승하여 메달 수여식이 거행되었습니다. 그런데 바람 한점 불지 않는 상황에서 게양되어 있던 세 국기들 중 유독 미국의 성조기만, 미국 국가가 연주되던 중, 그것도 성조기를 언급하는 가사의 대목에서 땅에 떨어지는 흉조가 발생했던 것입니다. 그런데 바로 그 날이 오바마의 생일인 8월 4일이었던 것입니다. 이는 오바마로 인해 미국이 멸망당할 싸인이었다고 해석 할 수 있는 것입니다.

17) 다니엘서는 적그리스도가 동성애자임을 암시하고 있는데, 오바마는 잘 알려진 동성애자입니다. 그는 재임 중

동성혼인 합헌화를 이끌어 내었는데, 대법원에서 합헌화가 결정되자, 너무나 기뻐, 백악관의 조명을 무지개색으로 바꾸기도 했습니다.

18) 오바마는 재임 기간 중 하나님의 말씀과 예수 그리스도를 참람한 말로 조롱하며 신성모독을 하기도 했습니다. 특히 휴거가 일어 난 후의 환난기 동안, 외계인의 문명설을 통해 인간의 창조를 비롯한 모든 말씀을 철저히 기만 할 만반의 준비를 갖추고 있는 것입니다.

19) 13이라는 수는 배도(Apostasy)와 반역(Rebellion)을 의미하는 수입니다. 하나님은 계시록 13장에 기록된 두 짐승이 누구인지를 놀라운 방법으로 깨우쳐 주셨습니다. 2013년 3월 13일, 현재의 교황인 프란체스코가 콘클라베에서 선출되었는데, 이는 그가 두 짐승 중 하나인 거짓 선지자임을 알게 해 주신 것입니다. 그로부터 10일 후인 3월 22일에는 오바마가 베들레헴의 탄생교회를 방문했던 것입니다. 3월 22일은 유대종교력으로 니산월 10일이었는데,

바로 예수님이 어린 나귀를 타고 예루살렘으로 입성하시면서 메시야와 왕으로 선포되신 종려주일에 해당되는 날인 것입니다. 그러니까 오바마가 또 다른 짐승으로서, 참 그리스도를 모방하고 도전하는 적그리스도임을 하나님이 놀라운 방법으로 깨우쳐 주신 것입니다. 322는 Skull & Bones가 표방하는 수이기도 합니다.

20) 신세계 질서 세력이 세계 단일종교를 이룸에 있어 가장 핵심은 두 거대 종교인 카톨릭과 이슬람을 어떻게 통합 시키느냐인 것입니다. 그런데 이슬람은 현재 그들의 메시야인 마흐디를 기다리고 있는바, 마흐디로 예언된 인물이 오바마와 정확히 들어맞는 것입니다. 따라서 오바마가 일단 이슬람의 마흐디로 등장하여 거짓 선지자인 교황과 합세함으로써 이슬람과 카톨릭을 통합 시키게 되는 것입니다. 일단 이슬람과 카톨릭이 통합되면, 다른 종교들은 쉽게 통합 될 수 있는 것입니다. 그리고 오바마가 이슬람의 마흐디에서 인류의 메시야요, 평화의 왕으로 비약되며, 영접 받게 되는 것입니다. 그래서 오바마는 별 공적도 없이 이미

노벨평화상을 수여 받았던 것입니다.

21) 오바마가 이스라엘을 압박하는 정책을 많이 시행했는데, 2013년의 부림절날 백악관을 방문한 이스라엘의 네탄야후 총리는 오바마에게 〈에스더서〉단행본을 선물했던 것입니다. 은근히 오바마를 하만으로 암시했던 것입니다. 그러나 결국에는 이스라엘이 오바마의 교활한 거짓말에 속아 최종평화조약인 다니엘 9장 27절의 언약을 오바마와 함께 체결하게 될 것입니다.

22) 그런데 이처럼 증거들이 압도적이라면 어떻게 미국인들이 모르고 있느냐고 의문을 제기 할 수 있을 것입니다. 그것은 미국인들이 말씀을 떠나고 하나님께 등을 돌리며, 더 나아가 배도와 반역에 앞장서게 됨으로써 영적 눈이 가리워져 진실을 볼 수 없게 되었기 때문인 것입니다. 뻐꾸기 어미는 자신의 알을 다른 새 둥지에 넣는데 주로 자고새의 둥지에 몰래 갖다 놓아 부화되게 하고 키워지게 합니다. 그런데 부화된 뻐꾸기 새끼는 자고새의 알들과 새끼들을 필

사적으로 다 둥지 밖으로 몰아내고 둥지를 독차지하게 됩니다. 그런데도 이 사실을 까맣게 모르는 자고새의 어미는 자기 새끼인 줄만 알고 열심히 먹이를 물어다가 뻐꾸기 새끼를 키우게 됩니다.

이 과정을 뻐꾸기 어미는 멀리서 다 지켜보고 있다가 자기 새끼가 다 자라면 와서 데리고 사라지게 됩니다. 하나님이 이런 생태를 디자인하신 것은, 자연의 현상을 통해 인간들에게 메시지를 주시기 위함인 것입니다. 즉 마귀가 이 세상을 불법적으로 점령하고 지배하고 있는데도 우매한 인간들은 까맣게 모르고, 그를 받들며 따른다는 것이며, 그래서 오바마와 같은 불법의 자가 백악관에 불법적으로 들어 앉아 미국을 멸망으로 몰아가도 영적 눈이 가리워진 미국인들은 그를 따르고 받드는 현상이 일어나는 것입니다.

오바마는 퇴임한지 벌써 긴 시간이 지났지만, 그의 인기는 여전히 높습니다. 저는 트럼프가 대통령으로 취임했을 때 〈트럼프는 오바마의 컴백을 위한 일루미나티의 카드이다〉라는 동영상을 찍어 올렸습니다. 부동산 재벌로서, 형편없는 자질에도 불구하고 트럼프가 대통령이 될 수 있었던 것은 그가 일루미나티의 핵심 멤버이기에 가능했던 것이며, 그는 일루미나티의 꼭두각시인 것입니다.

그리고 한번 일루미나티이면, 영원한 일루미나티로서, 배신한다는 것은 곧 죽음을 의미하는 것입니다. 따라서 트럼프와 오바마는 신세계 질서 세력이 짜놓은 시나리오에 의해 짜고 치는 고스톱을 하고 있을 뿐인 것입니다. 트럼프가 하나님의 사람이라고 주장하는 유튜브들이 올라와 있으나, 이는 육신의 눈으로만 보고 판단하기 때문인 것입니다. 트럼프가 예루살렘을 이스라엘의 수도로 선언하였고, 이제 70주년 독립기념일에 맞추어 미국 대사관을 예루살렘으로 이전하게 되는데, 이는 종교적 갈등과 대립과 충돌을 야기시켜 목적을 달성하는 신세계 질서 세력의 상투적인 수법인 것입니다. 트럼프가 배후에서는 예루살렘의 Old City를 국제도시화하여 가르는 방안을 추진하는 것만 보아도 그의 정체를 알 수 있는 것입니다. 트럼프는 온갖 막말과 막가파식의 행동 및 정책으로 전 세계에서 갈등과 대립과 충돌을 야기 시키고 궁극적으로는 3차 대전을 일으키는 악역을 맡은 것이며, 악역을 충실히 감당한 후 그는 용도폐기

되는 것이고, 전 세계와 인류가 3차 대전으로 대공황의 Chaos 에 빠져 아우성을 치게 될 때 작전상 후퇴했던 오바마가 평화의 해결사로 열렬한 환영을 받으며 등장하게 되고, 메시야로 영접 받게 되는 것입니다. 그리고 트럼프의 일루미나티 카드가 오래전부터 나돌았는데, 그 카드는 그가 암살 당할 힌트를 주고 있는 것입니다. 지난 4월 14일 미국과 영국과 프랑스가 시리아 공격을 전격적으로 실행함으로써 3차 대전으로 가는 방아쇠는 이미 당겨졌다고 보아야 하는 것이며, 돌아 올 수 없는 강을 건넌 셈이 된 것입니다. 그러므로 그 공격에 가담한 마크롱이나 트럼프의 사위인 쿠슈너가 평화의 해결사가 될 수는 없는 것입니다. 오바마는 지금 어두움 속에서 자신의 등장 할 날을 기다리고 있습니다. 데살로니가후서 2장 7절-8절에 기록된 바와 같이, 〈막는 자의 옮겨짐〉이 있게 되면, 불법의 자가 등장할 것인데, 〈막는 자의 옮겨짐〉은 신부를 데리고 떠나가시는 성령님이신 것입니다. 오바마는 인류역사상 가장 사악한 자로서, 인류를 죽음과 멸망으로 몰고 가게 되는데도, 인류는 십자가의 희생을 통해 인류를 구원하신 예수 그리스도의 사랑을 거부하고, 오바마를 메시야와 왕으로 영접하여 죽음과 멸망으로 끌려 들어가게 되는 것입니다. 참으로 비극이 아닐 수 없습니다.

Chapter 7

왜 휴거는 7년 환난전이고
단 한번 뿐인가?

〈왜 휴거는 7년 환난전이고 단 한번 뿐인가?〉의 동일한 제목으로 동영상이 이미 유튜브에 올려져 있는데, 보충 설명과 함께 그 내용을 다시 종합 정리해 드리기를 원합니다. 이 명제는 교계에서 가장 논란을 일으키고 있는데, 사실 논란이 되어야 할 아무런 이유가 없는 것입니다. 7년 환난전 휴거야말로 성경이 말씀하고 있는, 부정 할 수 없는 진리이기 때문입니다. 사실 이 명제로 책을 한권 쓸 수 있을 정도이지만, 요점만 정리하여 12가지로 설명 드리기 원합니다.

1) 하와와 아담이 범죄 할 때에 하나님의 명에 순종하기보다는 육신의 눈에 먹음직하고 보암직한 것에 순종하였던 것입니다.

따라서 하나님이 이루시는 역사가 회복사역이라고 할 때 이는 죄가 들어오기 전의 상태로 회복시키는 것이며, 그래서 하나님은 육신의 눈에 보이는 것 보다 하나님의 말씀만을 절대적으로 믿고 순종하는 믿음을 참 믿음으로 제시하셨던 것이며, 이런 참 믿음으로 이기는 자가 되어 승리해야 한다는 것입니다. 히브리서 11장에는 승리한 믿음의 선진들에 관해 기록되어 있는데, 모두 하나 같이 육신의 눈에 보이는 것 보다 하나님의 말씀만을 절대적으로 믿고 순종하여 승리했던 것입니다. 몇 말씀을 인용해 보겠습니다.

"믿음으로 노아는 아직 보지 못하는 일에 경고하심을 받아 경외함으로 방주를 예비하여 그 집을 구원하였으니 이로 말미암아 세상을 정죄하고 믿음을 쫓는 의의 후사가 되었느니라"(히11장7절)

"믿음으로 아브라함은 부르심을 받았을 때에 순종하여 장래 기업으로 받을 땅에 나갈 새 갈 바를 알지 못하고 나갔으며…"(히11장8절)

"아브라함은 시험을 받을 때에 믿음으로 이삭을 드렸으니 이는 약속받은 자로되 그 독생자를 드렸느니라"

(히11장17절)

"믿음으로 기생 라합은 정탐꾼을 평안히 영접하였으므로 순종치 아니한 자와 함께 벌 받지 아니하였도다"

(히11장31절)

이상의 말씀들만 보아도 하나님이 제시한 참 믿음은 육신의 눈에 보이기 전에 말씀만을 믿고 순종한 믿음을 의미한 것입니다. 육신의 눈으로 일단 보고나면 그것이 믿음이 될 수 없는 것은 너무나도 상식적인 것입니다. 그러므로 환난기가 육신의 눈에 보이도록 시작되기 전에, 오직 하나님의 말씀만을 믿고 순종하여, 모두들 이 세상과 짝하고 벗하는 때에, 절대 세상으로 나가지 않고, 산 순교자적인 믿음으로 좁고 험난한 길을 간 믿음의 인내를 보였기에 이를 참 믿음으로 인정하여 하나님이 휴거의 복과 영광을 주시는 것입니다. 따라서 일단 환난기가 육신의 눈에 보이도록 시작 된 후에는 믿음의 가치가 상실되는 것이고, 더 이상 믿음이 될 수 없는 것입니다. 그러므로 휴거는 환난기가 시작되기 전에 일어나는 것입니다.

2) 하나님은 인간의 상상을 초월하는 사랑 그 자체이십니다.

사실은 환난기를 허락하심도 사랑 때문인 것입니다. 하나님은 상상 할 수 없는 천국의 복과 영광을 예비해 놓고 깨달아 예비 되어 이 복과 영광을 누리라고 호소하시는 것인데, 인간들이 도무지 깨닫지 못하고 멸망으로 끌려 들어감으로, 환난을 통해 연단을 받아서라도 깨달아 멸망으로 끌려 들어가지 말고, 복과 영광을 누리라는 것입니다. 그런데 7년 환난기는 전반부 3년 반과 후반부 3년 반으로 나누이며, 후반부는 진노의 심판에 해당되고, 전반부는 심판이긴 하되, 적그리스도가 권세를 잡아가는 기간이므로, 전반부에 최대한의 영혼을 구원하시려는 것이 하나님의 디자인이신 것입니다. 그러므로 7년 환난기전에 대영광의 휴거가 일어나야만, 영화로운 몸으로 부활/변형된 신부의 모습을 영안이 열려 목도함으로써 말씀의 절대성을 확신하게 되어 전반부 동안 엄청난 구원의 역사가 일어나게 되는 것입니다. 그러니까 육신의 눈으로 보기 전에는 믿지 못하였으나 환난기 동안 육신의 눈으로 보고라도 믿어 구원을 받으라고 배려해 주시는 것입니다.

4) 적그리스도는 계시록 6장에서 첫째 인이 떼어질 때 등장하게 되는 것입니다. 그런데 그 전의 계시록 5장 9절에는 새 노래를 부르는 무리가 기록되어 있는바, 새 노래를 부른다는 것은, 새로운 영적 존재로 부활/변형된 신부가 새 예루살렘으로 입성하여 새 이름을 받고, 새 포도주를 마시게 되는 것과 다 연관되는 것이며, 따라서 새 노래를 부르는 무리는 신부인 것입니다. 그리고 계시록 5장 10절을 한국어 성경은 우리(We)를 저희(They)로 오역하고 있는 것이며, 올바른 번역은 아래와 같은 것입니다.

"우리로 우리 하나님 앞에서 나라와 제사장을 삼으셨으니 우리가 땅에서 왕노릇 하리로다 하더라" (제5장10절)

따라서 위의 말씀을 외치는 무리는 신부인 것이며, 그래서 인이 떼어지기 전에 신부는 천국에 올라가 있음을 알게 되는 것입니다. 혹자는 첫째 인의 백마 탄 자를 예수님으로 풀기도 하지만, 인과 나팔과 대접은 모두 심판인 것이며, 예수님이 어찌 심판이 되실 수 있겠는지요?

5) 하나님은 이 세상을 다스리는 권세를 아담과 하와에게 동등하게 주셨습니다.

"하나님이 자기 형상 곧 하나님의 형상대로 사람을 창조하시되 남자와 여자를 창조하시고 하나님이 그들에게 복을 주시며 그들에게 이르시되 생육하고 번성하여 땅에 충만하라 땅을 정복하라 바다와 고기와 공중의 새와 땅에 움직이는 모든 생물을 다스리라 하시니라" (창 1장 27~28절)

그러나 아담과 하와가 불신앙과 불순종의 죄로인해 마귀의 지배하에 들어가게 되었고, 이 세상을 다스리는 권세가 마귀에게 넘겨진 것이며, 마귀가 불법적으로 이 세상의 권세를 쥐게 되었던 것입니다. 그런데 하나님이 이루시는 회복사역이 완성되기 위해서는 아담과 하와가 죄가 들어오기 전의 상태로 회복되어야만 가능한 것이며, 둘째 아담이신 예수님이 아담을 우선 회복하신 것입니다.

"한 사람의 순종치 아니함으로 많은 사람이 죄인 된 것 같이 한 사람의 순종하심으로 많은 사람이 의인이 되리라"
(롬5장19절)

따라서 이제는 하와가 죄 없는 상태로 회복되어 주님과 혼인이 되어야만 마귀에게 불법적으로 빼앗긴 권세를 합법적으로 되찾아 올 수 있는 것이며, 마귀를 심판 할 수 있게 되는 것이고, 이 회복되는 하와가 신부인 것입니다. 이방 신부를 상징하는 룻과 예수님을 상징하는 보아스가 혼인함으로써 끊어질 뻔 했던 기업을 무르게 된 룻기의 말씀이 정확한 모형인 것입니다. 따라서 이스라엘의 불신앙과 불순종으로 이루어지지 못할 뻔 했던 하나님의 회복사역이 이방의 빌라델비아 교회가 유일하게 신부로서 예비 됨으로써 말미암아 이루어지게 되었기에 주님이 신부를 그처럼 사랑하고 또 고마워하는 것입니다. 그러므로 인을 뗀다는 것은 심판이 시작되는 것이며, 따라서 그 전에 신부가 천국으로 올라가 주님과의 혼인이 반드시 먼저 이루어져야만 하는 것입니다.

6) 역대상 29장 26절-27절은 이렇게 기록하고 있습니다.

"이새의 아들 다윗이 온 이스라엘의 왕이 되어 이스라엘을 치리한 날자는 사십년이라 헤브론에서 칠년을 치리하였고 예루살렘에서 삼십 삼년을 치리하였더라"

(대상29장26~27절)

다윗왕이 예수님의 모형임은 다 잘 아실 것입니다. 그리고 헤브론에서 7년을 치리 한 후 왕국을 예루살렘으로 옮긴 것은, 주님이 헤븐(Heaven)에서 7년을 치리 한 후 지상 재림하시면서 주님의 왕국을 지상의 예루살렘으로 옮기는 모형이라고 메시아닉 랍비는 해석하는 것입니다. 그러니까 주님의 천년왕국은 천국에서부터 먼저 7년이 치리되고, 예수님이 지상재림하신 후 나머지 993년이 치리된다고 볼 수 있는 것입니다.

그러므로 신부가 천국으로 올라가 주님과 혼인하고, 주님을 왕으로 옹립하여 주님의 왕국이 천국에서부터 시작되는 것입니다.

그렇게 볼 때 지상에서는 가짜 적그리스도에 의해 7년의 환난기가 진행되는 동안, 천상에서는 참 그리스도에 의한 7년의 왕국이 치리되는 것이고, 하나님은 이 두 무대에서 진행되는 극명한 대조를 통해 환난기에 남은 자들로 하여금 누가 참 그리스도인지 최후의 선택을 하게 하는 것입니다.

7) 이미 앞의 3장에서 설명 드린 바와 같이, 고대 이스라엘의 혼인풍습에 의하면, 예비신랑이 예비신부를 부친의 집으로 데리고 와 혼인을 한 후 7일의 밀월을 가졌는데, 이 7일이 주님과 신부가 혼인한 후 7년을 천국에서 함께 치리하는 기간에 해당되는 것입니다.

8) 야곱이 라헬과 혼인하기를 원했으나, 레아와 먼저 혼인하게 되었고, 7년을 더 봉사한 후 라헬과 혼인하게 되었던 것입니다. 이는 이방신부가 레아로서 주님과 7년 환난 전에 먼저 혼인하게 되고, 7년 환난기 동안 이스라엘이 노여워하게 되고 시기나게 되어, 결국 회개하며 예수님을 영접하게 됨으로써. 예수님이 지상재림하실 때 영원히 용서받게 되는 택한 백성이 라헬로서 주님과 혼인하게 되는 모형인 것입니다.

9) 택한 백성이 메시야를 배척 처형하자 하나님께서는 이스라엘을 향한 회복사역을 69이레에 일단 중지 시키고, 교회시대를 여셨습니다. 따라서 이제 일단 중지 시켰던 이스라엘의 회복사역을 위한 마지막 1이레의 7년을 시작하시기 전에 교회시대를 완성하시게 되는 것입니다. 그리고 교회시대가 완성되면서 그때까지 결실된 생명의 열매 즉 알곡은 즉시 추수하여 천국 곳간에 들여 놓게 되는 것입니다. 농사에 있어서도 익은 곡식은 제 때에 즉시 추수해야만 하는 것이며, 때를 놓치면 그만 썩히게 되어 농사를 망치게

되는 것입니다. 그러므로 이스라엘을 향한 7년의 마지막 1 이레가 시작되기 전 신부는 천국으로 취해지게 되는 것입니다.

10) 계시록 3장 10절은 이렇게 기록하고 있습니다.

"네가 나의 인내의 말씀을 지켰은즉 내가 또한 너를 지키어 시험의 때를 면하게 하리니 이는 장차 온 세상에 임하여 땅에 거하는 자들을 시험할 때라"(계3장10절)

창세기 3장 15절부터 시작된 처절한 영적전쟁은 결국 육과 영의 전쟁입니다. 마귀에 의해 육으로 타락한 인간들을 영으로 이기게 하는 승리자가 되게 하여 하나님의 사랑을 회복하시겠다는 것입니다. 그런데 여기서 육은 죄와 세상과 자아를 다 포함하는 것이며, 영으로 육을 이기는 자가 된 빌라델비아교회는 환난전에 먼저 취하고, 육을 이기는 자가 되지 못한 자들은 환난에 남겨져 육을 이기는 시험을 거치게 되는 것으로서, 이 시험은 현실적으로 666짐승의 표를 받느냐 안 받느냐의 시험으로 나타나게 되는 것입니다. 그런데 영으로 육을 이기는 시험을 이미 통과하여 이긴 자들은 시험을 면케 되는 것이며, 또다시 환난에 남겨 시험을 통과하게 할 필요가 없는 것이고, 이미 이긴 자에게 시험을 면케 해주시지 않으시면, 그것은 하나님의 공의가 아닌 것입니다.

11) 누가복음 21장 34절과 데살로니가전서 5장 3절은 방탕함과 술취함으로 평안과 안전을 말할 때 홀연한 멸망이 덫과 같이 임할 것을 말씀하고 있는 것입니다. 주님도 사람들이 먹고 마시며 장가가고 시집가는 노아의 때와 같은 때 인자의 임함이 있을 것을 말씀하셨던 것입니다. 그러므로 이 시점은 누가보아도 환난전의 상황이지, 환난중간이나 끝의 상황일 수 없는 것입니다.

12) 앞서 설명 드렸듯이. 주님은 신부를 극도로 사랑하고 존귀하게 여깁니다. 육을 입고 있는 인간이 영으로 육을 온전히 이기기가 그렇게 어려움을 주님은 잘 아시는 것이

며, 또 마귀의 엄청난 유혹과 핍박에도 오랜 세월 험난하고도 좁은 길을 걸으면서 믿음의 인내를 끝까지 지켜 하나님의 회복사역을 가능케 해주었기 때문인 것입니다. 그런 신부를 가장 잔악한 원수의 치하에 남겨 온갖 고난과 능욕을 또 다시 당하게 한다는 것은 주님으로서는 상상도 할 수 없는 것입니다. 주님을 그런 자존심도 없는 나약한 인물로 이해한다면, 그건 예수님을 몰라도 너무 모르고, 크게 잘못 믿는 오류인 것입니다.

그럼 이제 휴거는 왜 단 한번 뿐인가를 살펴보기 원합니다.

1) 고린도전서 15장 22절-24절은 이렇게 기록하고 있습니다.

"아담 안에서 모든 사람이 죽은 것 같이 그리스도 안에서 모든 사람이 삶을 얻으리라 그러나 각각 자기 차례대로 되리니 먼저 첫열매인 그리스도요 다음에는 그리스도 강

림하실 때에 그에게 붙은 자요 그 후에는 나중이니 저가
모든 정사와 권세와 능력을 멸하시고 나라를 아버지 하나
님께 바칠 때라"

이 말씀에서 하나님께 열납되는 기회는 단 세 차례뿐임
을 명시하고 있는 것입니다. 따라서 첫 열매이신 예수님의
부활이 첫 번째 차례였고, 두 번째 차례는 환난전 이방교회
신부의 휴거이며, 세 번째는 주님의 지상 재림 후 마지막
부활임으로, 그 외에 추가적인 휴거는 있을 수 없는 것입니
다.

2) 휴거는 주님과 혼인의 의미를 갖는 복된 영광인데, 혼
인은 레아와 라헬의 예에서 볼 수 있듯이 두 차례 뿐이며,
그 외의 혼인이 있을 수 없는 것이고, 따라서 추가적인 휴
거는 있을 수 없는 것입니다.

3) 휴거가 일어 날 때 천지개벽에 준하는 사태가 일어나
게 되는데, 그런 사태가 추가적으로 또 일어나게 된다고 보

기 어려운 것입니다. 그러므로 환난기에 남았을 때에는 추가적인 휴거의 헛된 소망에 빠져 있어서는 안 되는 것이고, 순교를 각오한 신앙으로 무장되어 끝까지 승리해야 하는 것입니다.

"몸은 죽여도 영혼은 능히 죽이지 못하는 자들을 두려워하지 말고 오직 몸과 영혼을 능히 지옥에 멸하시는 자를 두려워하라"(마태복음 10장28절)

Chapter 8

하늘의 징조들과
땅의 싸인들

　앞서 살펴보았듯이, 마귀는 온 힘을 다해 하나님의 회복
사역을 무효화시키기 위해 발악하고 있습니다. 그렇다면
하나님은 손을 놓고 계실까요? 그럴 리가 없지요. 하나님
께서도 온 힘을 다해 헤아릴 수 없이 수많은 하늘의 징조들
과 땅의 싸인들을 나타내시며 성도들로 하여금 지켜보면서
깨어 준비되도록 호소하시는 것입니다. 그러나 하나님께서
는 이미 말씀 속의 여러 원리들을 통해 하나님이 이루시는
회복사역의 근본적인 구조를 알 수 있도록 나타내 주신 것
입니다. 그 대표적인 예가 절기입니다. 흔히 이스라엘의 절
기라고 부르지만, 실은 여호와의 절기라고 해야 합니다. 이
절기만 잘 알아도 하나님이 이루시는 역사의 윤곽을 알 수
있게 되는 것입니다.　절기는 모세가 시내 산에서 받았던

오리지널 7절기인 Major Feasts(주 절기들)이 있고, 그 외에 3 Minor Feasts(소 절기들)이 있습니다.

오리지널 7절기는 봄의 절기들과 가을의 절기들로 나뉘는데, 봄의 절기들은 그리스도의 초림 때 이루어지는 것이고, 가을의 절기들은 지상재림 때 이루어지는 것입니다. 봄의 절기들은 유월절, 무교절, 초실절, 오순절이고, 가을의 절기들은 나팔절, 속죄절, 장막절(초막절)입니다. 봄의 절기들 중 유월절은 이스라엘 백성이 출애굽 할 때 어린 양을 잡아 그 피를 문설주에 바름으로써 죽음이 넘어 간 사건을 기념하는 절기인데, 예수님이 하나님의 어린 양으로서 골고다 십자가에서 생명을 내어 주시고, 거룩한 보혈을 흘려주심으로 말미암아 속죄의 길을 열어 주심으로 성취되었던 것입니다. 무교절은 유월절의 일몰부터 지켜지며, 7일간 누룩이 들지 않은 무교병만을 먹어야함을 상기하는 절기입니다. 십자가에서 생명을 내어 주신 예수님은 일몰에 맞추어 십자가에서 내려져 땅의 무덤 속에 묻히셨는데, 한 알의 밀로서 생명의 떡 즉 누룩이 들지 않은 무교병이 되기 위함이셨던 것이며, 따라서 무교절도 성취된 것입니다. 초실절은 일찍 익은 보리 한단을 추수하여 하나님 앞에 흔들어 열납하는 절기인데, 예수님이 첫 열매로 부활하심으로 성취된 것입니다. 초실절날 일찍 익은 보리 한가락이 아니라 한 단이 열납되어야 했음으로, 당시 소수의 성도도 무덤에서 일어났던 것입니다. 하나님이 얼마나 정확하신가를 알게 하는 대목인 것입니다. 더욱 놀라운 점은 예수님이 운명하실 때 땅이 진동하고 바위가 터지면서 무덤들이 열렸는데, 자던 성도들이 일어났으나, 예수님이 부활하신 후에야 무덤에서 나왔다고 마태복음 27장 50절-53절의 말씀은 기록하고 있는 것입니다. 그렇다면 그 성도들은 왜 주님과 함께 일어나지 않고, 미리 먼저 무덤 속에서 일어났는지 의아하실 것입니다. 이에 대한 해석은 이러합니다. 고대 이스라엘 성전시대에는, 유월절날 제사를 마친 제사장이 성전 근처의 보리밭으로 가서 초실절날 추수하여 열납 할 일찍 익은 보리 한단에 미리 띠로 표시를 해놓고 돌아왔다가 초실절날 이른 새벽에 추수하여, 열납했다는 것입니다. 그러니까 미리 표시되는 형태로서, 무덤이 먼저 열려 성도들이 일어남으로써 표시됨이 성취되었다는 것입니다. 하나님의 절대하심에 다시 한 번 탄복하게 되는 대목인 것입니다. 오순절은 일찍 익은 밀을 중간 수확으로 추수하여 열납하는 절기인데, 성령님이 추수를 목적으로 오순절날 강림하시기만 했을 뿐, 아직 추수와 열납이 이루어지지 않았음으로. 오순절은 반만 성취되었고, 반은 아직 성취되지 않았다고 보아야 하는 것입니다. 절기의 깊은 의미를 이해하지 못하면, 오순절이 성령님의 강림으로 이미 성취되었음으로, 휴거는 다음에 오는 나팔절이라고 주장하는 분들이 계시지만, 절대자이신 하나님이 어떻게 오순절을 완전하게 성취하지 않으시고, 미완성으로 남겨 놓은 채 다음 절기로 건너 뛸 수 있겠는지요?

나팔절은 민속력의 새해 첫날인 Rosh Hashanah 날로서, 그렇다고 축제 분위기로 지키는 절기가 아니고, 일년 동안의 죄를 회개하기 시작하는 절기입니다. 나팔절로 부터 시작된 회개가 10일 동안 지속되어서, 10일 후에 지켜지는 속죄절날 용서 받게 되는 것입니다. 10일간의 회개

기간을 〈Days of Awe〉(경외의 날들)이라고 부릅니다. 유대인들의 전통에 의하면, 나팔절을 맞을 때 세 종류의 부류들이 있게 된다고 합니다. 첫째 부류는 의인들(Righteousness)로서, 항상 회개하며 사는 사람들이기에, 의롭기 때문에 구태여 나팔절에 회개를 하지 않아도 되는 부류라고 합니다. 둘째 부류는 악인들(Wicked)로서, 절대 회개하지 않는 사람들이라고 합니다. 셋째 부류는 그 중간의 사람들로서, 이 사람들이 10일간 철저히 회개하여 용서 받게 된다고 합니다. 이 세 부류는 예수님이 지상재림하실 때 있게 될 유대인들의 세 부류를 의미한다고 할 수 있습니다.

즉 첫 번째 부류는 이미 예수님을 영접했기 때문에 회개하지 않아도 되는 부류라는 것입니다.

두 번째 부류는 죽어도 예수님을 영접하지 않고, 회개도 하지 않을 부류라는 것입니다.

세 번째 부류는 10일간 철저히 회개하고, 예수님을 영접하여 속죄절날 용서 받음으로써 다니엘 9장 24절에 기록된바, 영원히 용서 받게 되는 부류라는 것입니다. 나팔절과 속죄절은 10일간의 회개 기간에 의해 함께 묶여 있으며,

결코 분리 될 수 없는 것입니다. 따라서 나팔절을 휴거의 절기로 보면, 나팔절과 속죄절 사이에 7년 환난기가 들어가게 됨으로 이는 이치에 맞지 않는 것입니다.

그러므로 나팔절은 예수님의 지상 재림의 절기인 것입니다. 속죄절은 일년 중 단 하루 대제사장이 짐승의 피를 받아 지성소로 들어가 법궤의 속죄좌에 뿌림으로써 백성의 죄가 용서 받았던 날인데, 이 날 택한 백성의 죄가 영원히 용서 받고, 영원한 의가 들어나게 되는 것입니다. 장막절은 모든 추수를 다 끝내 놓고 즐기는 축제의 절기입니다. 오늘날도 장막절이 되면 전 세계에서 수천 명의 크리스찬들이 예루살렘에 모여들어 1주일 동안 노래하고 춤추며 주님께 영광을 올려 드리고, 이스라엘을 위로합니다. 장막절의 7일간 집의 베란다나 뜰에 임시 초막(Booth)를 짓고 지내게 되는데, 이는 광야생활을 기념하기 위함입니다. 요한복음 7장 37절-38절에 기록된 바와 같이, 예수님은 장막절 기간 동안 은밀히 예루살렘으로 올라가셔서 마지막 날 성전에서 아래와 같이 외치셨던 것입니다.

"누구든지 목마르거든 내게로 와서 마시라 나를 믿는 자는 성경에 이름과 같이 그 배에서 생수의 강이 흘러나리라 하시니" (요7장37~38절)

유대인들은 장막절을 메시야와 혼인하는 날로도 지킵니다. 유대인들의 혼인은 반드시 장막 아래서 서약하게 되어 있는데, 혼인식의 장막을 Chuppah(후파)라고 부르는 것입니다. 그러니까 유대인들은 오순절날 메시야와의 혼인 언약이 주어졌으나, 실제 혼인은 장막절에 행해진다고 믿는 것입니다. 참으로 하나님의 섭리가 놀라운 것은, 오순절 날 이방신부가 택한 백성 대신 취해져 혼인하게 되고, 택한 백성과는 지상 재림 후 장막절에 하게 될 것을 이미 다 아시고, 그렇게 디자인하셨다고 볼 수 있는 것입니다. 그래서 레아와 라헬과의 혼인 모형과도 정확히 들어맞는 것입니다. 그러므로 장막절은 용서 받은 이스라엘과 이방교회가 다 하나 되어 천년왕국으로 들어가는 절기라고 할 수 있는 것입니다.

유월절 의식 자체에도 놀라운 비밀이 숨겨져 있습니다. 유월절 만찬을 먹을 때 누룩이 들지 않은 무교병 셋을 접시 위에 올려놓고 그 가운데 무교병(맛자)을 꺼내 쪼개어 흰 린넨에 싸서 집안 어딘가에 감추게 됩니다. 유월절 의식 동안에는 포도주를 네 차례 마시게 되는데, 세 번째 잔인 구원의 포도주를 마실 때 감추었던 무교병의 조각을 찾아와 포도주와 같이 먹게 됩니다. 누룩이 들지 않은 세 무교병은 죄 없으신 삼위의 하나님을 의미합니다. 가운데 것을 꺼내 쪼갠다는 것은 성자 하나님의 몸이 찢겨지는 고난을 당하신다는 의미이고, 흰 세마포에 싸여져 무덤 속에 묻히셨다가 부활하심으로 주님의 보혈과 살로 구원을 얻게 되는 의미인 것입니다.

세 Minor Feasts(소 절기들)은 우선 부림절로서, 죽으면 죽으리라의 믿음과 순종으로 멸절의 위기에 몰렸던 자기 백성을 구해낸 에스더의 승리를 기념하는 절기이며, 유월절을 한 달 앞둔 보름달에 지켜지게 됩니다. 에스더를 신부의 모형으로 보는 바, 어떻게 유대인인 에스더가 이방 신부의 상징이 될 수 있는가 라고 의문을 제시할 수 있겠지만, 돌감람나무가 참감람나무에 접붙임을 받았음으로 정당한 것입니다. 그 후 Av월의 15일도 소절기로 지키는데, 이날은 Tu B' Av라고 하여, 이스라엘의 발렌타인데이이며, 로맨스와 사랑의 날입니다. 이날의 유래는 사사기 21장에 기록된 바, 베냐민지파가 다른 지파들과의 전쟁으로 거의 멸절되다시피 되었고, 또 다른 지파에서 딸들을 주지 않기로 맹세하였기에 존폐의 위기에 놓인 상황에서 베냐민지파의 남은 남성들이 실로의 보름달날 포도원에 나와 춤추는 무도회 때 처녀들을 붙잡아 가지고 돌아감으로써 지파가 존속되게 된 사건에서 유래되었던 것입니다.

또 다른 소 절기는 수전절(Hanukkah)로서, 안티오쿠스 에피파네스 왕이 예루살렘을 점령하고, 돼지의 피와 삶은 국물로 성전을 더럽히며, 지성소에 제우스 우상을 세우는 만행을 자행했던바, 용맹한 유다지파의 맥카비 형제들이 게릴라전으로 오랫동안 맞서 싸워 성전을 탈환하였으며, 성결케 한 후 재 봉헌하였던 사건에서 유래된 절기입니다. 이 절기는 8일간 지키게 되며, 이는 마귀에 의해 더럽혀졌던 성도들의 몸 된 성전이 주님의 보혈과 말씀과 성령님의 충만함으로 성결케 되어 하나님께 봉헌되는 의미를 갖는 것입니다.

"너희가 하나님의 성전인 것과 하나님의 성령이 너희안에 거하시는 것을 알지 못하느뇨 누구든지 하나님의 성전을 더럽히면 하나님이 그 사람을 멸하시리라 하나님의 성전은 거룩하니 너희도 그러하나라" (고전3장16-17절)

그런데 더욱 놀라운 사실은, 메시아닉 산부인과 의사들이 여호와의 7절기들과 추가된 수전절이 인간의 생명이 태어나는 각 단계와 그 의미에 있어서 일치함을 발견한 것입니다. 즉 유월절은 여인에게서 난자가 배출됨을 의미하고, 무교절은 배출된 난자가 정자와 결합하게 될 경우, 24시간 내에 수정란이 됨을 의미하며, 초실절은 수정란이 이동하여 자궁에 착상됨을 의미한다는 것입니다. 그리고 50일 후의 오순절은 태아가 처음 인간의 얼굴 모습을 하게 되는 단계와 들어맞고, 나팔절에는 태아가 처음 청각을 갖게 된다고 하며, 속죄절에는 태아가 스스로 피를 생산하여 순환하게 되는 단계와 일치한다는 것입니다. 태아는 모든 영양분을 산모로부터 공급 받지만, 피 만큼은 자체 생산하게 되는데, 이는 구세주가 동정녀를 통해 탄생하되, 피를 통한 죄의 유전은 되지 않도록 하기 위해 창조주 하나님이 그렇게 디자인하셨다는 것입니다. 그리고 장막절에는 태아가 허파의 기능을 갖게 되고, 수전절에 세상 밖으로 출생하게 되는데, 유월절부터 수전절까지가 9개월로서, 잉태로부터 출산까지의 기간과도 일치하는 것입니다. 따라서 전지전능하신 하나님은 인간의 육적 생명이 태어나는 과정과 예수님을 통해 영적으로 거듭나 영생을 얻게 됨을 절기들을 통해 정확히 일치되게 디자인하신 것입니다. 이런 사실들을 알 때 우리는 하나님의 절대하심과 완전하심에 탄복하지 않을 수 없게 되는 것입니다.

그럼 이제부터는 그동안 하나님이 나타내신 하늘의 징조들과 땅의 싸인들 중 각각 10가지씩만 소개해 드리면서, 하나님이 얼마나 깨어 준비되도록 호소해 왔는가를 살펴보기 원합니다. 우선 하늘의 징조들을 먼저 소개해 드리기를 원합니다. 하나님은 분명히 해와 달과 별을 통해 징조를 나타내신다고 말씀에 기록했는데도, 한국교회는 워낙 기복신앙의 복과 은혜에만 집착함으로 이런 메시지를 전할 때 거부반응을 보여 참으로 안타깝습니다. 그래도 한국창조과학회의 여러 교수님들이 교회들을 다니시며 세미나들을 가진 결과 이제는 많이 깨우쳐져서 그나마 큰 다행입니다. 그 단체가 한국교회에 기여한 공로는 지대하다고 보며 박수를 보냅니다.

하늘의 징조들

1) 2000년 5월 5일, Mercury(수성), Venus(금성), Mars(화성), Jupiter(목성), Saturn(토성)의 5 행성들이 태양과 지구와 달과 함께 일렬로 행렬을 이루는 기이한 천체현상이 나타났습니다. 55는 신부를 의미하는 수이고, 5는 은혜를 의미하는 수임으로 어린 양의 혼인에 초대를 한

하늘의 징조로 미국의 사역자들은 보았던 것입니다.

2) 2006년 2월 18일, 우주에서 GRB(Gamma Ray Burst) 즉 감마선의 폭발이 무려 2000초 동안 발생하는 천체현상이 나타났습니다. 수 십초 동안 폭발이 일어나는 것이 보통임으로, 이 천체현상은 당시 큰 화제가 되었던 것입니다. 미국의 사역자들은 2000년의 교회시대가 끝나 감을 알리는 징조로 해석하였습니다.

3) 테트라드(Tetrad)는 네 쌍이라는 의미인데, 2014년 유월절과 장막절의 보름달이 붉은 핏빛 달(Blood Moon)로 나타나는 천체현상이 나타났고, 이는 2015년에도 정확히 반복되어 네 쌍을 이루었음으로 테트라드라고 부르는 것입니다. 이 놀라운 천체현상은 이스라엘의 역사 중 매우 중대할 때만 나타났던 징조로서, 메시아닉 랍비인 마크 블릿츠가 발견했고, 그 분은 한국에 오셔서도 세미나를 열었었지요. 이 현상은 한국에도 중요한 의미가 있는데, 2014년 첫 번째 유월절 핏빛 보름달에 맞추어 세월호의 비극이

발생했기 때문입니다.

4) 예수님의 탄생 당시 동방의 현자들을 베들레헴으로 인도했던 천체현상이 그 때 당시 이후로 2000여년 만에 처음 2015년 7월 1일 다시 나타났던 것입니다. 창조과학회에서도 세미나를 통해 밝혔지만, 당시 동방의 현자들이 따라온 찬란한 별은 왕을 상징하는 Jupiter(목성)이었고, 베들레헴에서 새벽별인 Venus(금성)과 접속하게 되었던 것입니다. 전 세계적으로 다시 나타난 베들레헴의 천체현상은 큰 화제를 불러 일으켰고, 한국에서도 일반 뉴스를 통해 특별 보도가 되었던 것입니다. 이 천체현상은 왕으로 탄생하셨던 예수님이 이제는 곧 왕으로 오시는 만큼, 동방의 현자들처럼 찾고 찾아 준비되라는 하나님의 호소였던 것입니다.

5) 일식이 아름다운 금가락지 형상을 만들며 나타날 때가 있는데, 이런 천체현상을 Annular Eclipse(금환식)이라고 부르며, 이 현상은 태양과 달과 지구가 한 치의 오차

도 없이 정확한 행렬을 이룰 때 일어나는 것으로서, 이는 어린 양의 혼인예식이 가까워오니 신부로 준비되라는 천체 현상인 것입니다. 2010년 1월 15일 나타난 금환식이 큰 화제를 불러 모았었고, 2016년 9월 1일에도 반복하여 나타났는데, 정확히 153 초가 지속되었으며, 153은 베드로가 끌어 올린 물고기의 수였지요. 특히 하나님이 무슨 현상을 반복해 나타내실 때는 창세기 41장 32절에 기록된 바, 바로가 꿈을 두 번 겹쳐 꾸신 것은 하나님이 그 일을 정하셨고, 속히 행하신다는 의미로서, 반복의 원리에 해당되는 것입니다.

6) Av월의 9일은 Tisha B' Av라고 부르며, 하나님의 솔로몬 제1성전과 그 후에 재건되었던 제2성전이 656년을 두고 파괴되었음에도 동일한 날에 파괴되었던 날인 것입니다. 하나님이 그처럼 두 성전을 동일한 날에 파괴되게 하신 것은, 하나님의 역사는 성전을 통해 이루어지는 바, 하나님의 거룩한 성전을 우상숭배로 더럽히고, 수많은 경고에도 불구하고 돌아오지 않을 때 원수의 손에 의해 파괴되도록

허용하신다는 메시지를 주시기 위함이었던 것입니다. 그래서 이스라엘민족은 그 날을 가장 수치의 날로 여겨 금식하고 예레미야 애가를 낭송하면서 성전산 주위를 행군하는 것입니다. 그런데 이 메시지는 오늘날 성전이 된 성도들에게도 동일하게 적용됨으로 실로 중요한 의미를 갖는 것입니다. 그런데 1994년 7월 16일로부터 22일까지의 7일 동안 Shoemaker-Levy 9이라는 혜성에서 떨어져 나온 21 Fragments(잔해들)이 차례로 왕을 상징하는 Jupiter (목성)에 충돌하는 희한한 천체현상이 발생하였고, 바로 그 때가 Av월의 9일 때였던 것입니다. 21은 넘치는 죄악을 의미하기도 하고, 계시록의 21 재앙을 의미하기도 하며, 성도들의 몸 된 성전이 성결하게 준비되도록 촉구한 천체현상이었다고 볼 수 있는 것입니다.

7) Av월에는 Av월 9일뿐만 아니라 여러 수난들이 택한 백성에게 임했던 달인데, 2008년, 2009년, 2010년의 3년 연속 Av월 1일 초하루에 일식 현상이 반복되었던 것입니다.

8) 작년의 2017년 8월 21일, 미국 대륙을 관통하는 개기 일식 현상이 나타나 엄청난 화제가 되었었지요. 사람들은 이 희귀한 현상을 보기 위해 난리를 치며 축제 분위기였는데, 실상은 미국에 곧 임할 심판의 징조였던 것입니다. 즉 바벨론의 벨사살왕이 귀인들을 초대하여 잔치를 열고 있던 중 손가락이 나타나 벽에 〈메네. 메네 데겔 우바르신〉이라고 썼던 사건에 비유하여, 미국 대륙을 벽으로 보고, 일식이 지나가는 형상을 손가락으로 비유하여, 이제 곧 미국에 심판이 임할 것을 나타낸 징조였다고 보는 것입니다.

9) 작년의 2017년 9월 23일에는 계시록 12장에 기록된 바, 해산하는 여인의 머리에 열 두별의 면류관이 있고, 달이 그 발아래에 위치하는 천체현상이 일어났으며, 그 역시 대단한 화제를 불러 일으켰지요.

10) 작년의 2017년 오순절날인 6월 1일에는 왕을 상징하는 Jupiter(목성)이 신부를 상징하는 달과 동정녀를 상징하는 Virgo(처녀좌)안에서 매우 가깝게 랑데부하는 영광스

러운 천체현상이 나타나 신부들의 마음을 설레게 했었지요.

그럼 이제 부터는 땅의 싸인 들을 살펴보기 원합니다. 이 싸인 들은 하나님이 나타내시는 경우도 있고, 악한 영들이 일으키되, 하나님이 이를 허용하심으로 싸인으로 삼으시는 경우도 있음으로 잘 분별해 이해하셔야 합니다.

땅의 싸인들

1) 성경에는 어떤 본체가 나타나기 전에 그림자적 모형이 먼저 나타나는 경우가 많습니다. 마지막 1이레의 언약 체결이 그토록 중대한 사건이라고 할 때 그 그림자적 모형이 나타난다고 보아야 할 것인데, 실제로 나타났던 것입니다. 프리메이슨인 빌 클린턴이 대통령으로 당선되고 나서 야심에 찼던 그는 이스라엘과 팔레스타인의 협상팀을 비밀리에 불러 오슬로에서 6개월간 비밀협상을 진행했고, 마침내 1993년 9월 13일, 백악관에서 오슬로평화협정 조인식

을 가졌던 것이며, 세상을 깜짝 놀라게 했던 것입니다. 그는 세계적으로 유명한 인사들을 3천명 초대하고, 이스라엘의 이샥 라빈 수상과 팔레스타인의 아라파트 수반 사이에 역사적인 체결을 이끌어 냈던 것입니다. 그 협정을 마지막 1이레의 그림자적 모형으로 보는 이유는, 최초로 평화와 거룩한 땅을 맞바꾸는 합의문서로서, 많은 사람들과 더불어 체결되었으며, 7년 후에 최종평화조약을 맺기 위한 예비협정으로 규정되었기 때문이었습니다.

그러나 그 협정을 체결했던 이샥 라빈 수상은 1년 후 암살당하였는데, 하나님이 노하셨기 때문이었던 것입니다. 그리고 이스라엘은 여리고와 여러 중요한 땅을 넘겼으나, 평화는 결코 이루어지지 않았던 것입니다. 그럼에도 불구하고 7년 후의 2000년 두 번째 임기를 마치게 된 클린턴은 자신의 임기가 끝나기 전에 최종평화조약도 자신이 체결하기 위해 이스라엘의 에후드 바락 새 총리와 아라파트를 다시 캠프 데이빗에 불러다 놓고, 2주간의 마라톤협상 끝에 합의를 이끌어내었고, 서명만 남겨 놓은 상황이었습니다.

따라서 당시의 사역자들은 초긴장 할 수 밖에 없었던 것이지요. 그런데 마지막 순간에 아라파트가 틀었고, 체결은 불발되게 되었던 것입니다. 그리고 당시 리쿠르당의 대표였던 아리엘 샤론이 느닷없이 경찰들을 대동하고 성전산을 방문함으로 말미암아 그 날부터 인티파다의 민중봉기가 일어나면서 수년 동안 치열한 공방이 이어졌고 최종평화조약 체결은 물 건너가게 되었던 것입니다. 당시 주님은 여러 사역자들에게 2000년으로 부터 덤으로 주어지는 기간인 Borrowed Time(빌려온 시간)을 허락하셨다고 알려 주셨고, 그 이래로 사역자들의 관심은 과연 연장 기간이 얼마일지에 모아졌던 것입니다. 10년을 넘지 않을 것으로 보았으나, 어느덧 18년이 된 것입니다. 18은 666을 더한 수로서, 오바마의 이름이 18 문자임으로 그가 최종평화조약을 체결할 자임을 하나님이 암시해 주시는 것은 아닐까라고 추정해 볼 수 있는 것입니다.

2) 2010년 2월 27일은 부림절날이었는데, 그 날 칠레의 Concepcion지역에서 강도 8.8의 지진이 발생하였습니다.

부림절은 신부를 상징하는 에스더를 기념하는 절기이고, Concepcion은 잉태(Conception)를 의미하는 스페인어이며, 8은 새로운 출산과 새로운 시작을 의미함으로 신부의 잉태가 그 때부터 시작되었고, 언제 출산으로 이어질지에 초점이 모아졌던 것입니다.

  3) 2010년 8월 5일 같은 칠레에서 광산 붕괴가 발생하여 33인의 광부들이 지하 7백 미터 아래에 갇히는 사고가 일어났습니다. 여기 저기 가는 파이프를 뚫어 그들의 생사를 확인해보려 했으나 2주가 지나도록 아무런 성과가 없었고, 생존 가능성이 없다고 판단하여 구조를 포기하려던 절망적인 시점이었습니다. 그런데 사고일로부터 17일이 되는 날 한 파이프를 통해 그들이 전원 무사하다는 소식이 전해왔습니다. 17은 승리의 수로서 1부터 17까지를 다 더하면 153이 됩니다. 그때부터 갱도를 뚫기 시작했으나, 수많은 난관에 부딪쳤고, 어쩌면 구출을 할 수 없을지도 모르는 상황이었습니다. 그때 세계 최고의 굴착 전문가이면서 독실한 크리스찬인 미국인이 합류하게 되었고, 믿음과 기도

로 작업한 결과 사고로부터 69일째와 70일째에 한 사람씩 불사조로 명명된 캡슐을 통해 지상으로 전원 구출하는데에 성공했던 것입니다. 전 세계를 감동으로 몰아넣었던 그 기적의 드라마는 하나님이 휴거의 모형으로 연출해 주신 작품이었던 것입니다.

4) 앞서 설명 드렸듯이, 신세계 질서 세력이 False Flag 자작극으로 911테러를 일으켰고, 2015년 8월 9일에는 죽음과 파괴의 힌두 여신 칼리의 형상을 엠파이어 스테이트 빌딩에 영사했는가 하면, 작년 10월 1일에는 라스베가스 총격 사건의 False Flag 사태를 감행했던 것입니다.

5) 미국이 이스라엘에게 압력을 넣어 하나님의 거룩한 땅을 팔레스타인에게 넘기게 할 때마다 어김없이 재난이 뒤따랐는데, 미국이 가자 주위의 유대인 정착촌들을 강제로 철거하게 한 후에 2005년 8월 23일부터 31일까지 미국 최악의 재앙으로 기록된 카트리나 허리케인이 뉴올린스 일대를 강타했던 것입니다.

6) 2004년 12월 26일 인도네시아 반도 아체 지역에 지진과 쓰나미가 덮쳐 24만 명이 사망하는 대참사가 발생했고, 2011년 3월 11일에는 일본 후쿠시마에 지진과 쓰나미가 덮쳐 대참사가 발생했는바, 두 나라의 공통점은 각종 우상들을 섬기는 점이었던 것입니다.

7) 하나님은 스포츠 경기를 통해서도 기적을 베푸시는 전지전능자이십니다. 미식축구의 쿼터백이면서 독실한 복음 전도자인 팀 티보우(Tim Tebow)는 경기에 나갈 때마다 눈 밑에 〈John 3:16〉(요한복음 3:16)을 쓰고 나가기로 유명한 선수입니다. 하나님이 그를 어찌나 사랑하셨는지, 2012년 1월 8일 거행된 시합에서 총 316야드의 패스를 성공 시켜 주셨고, 그 날의 TV 시청률이 31.6%가 되게 해주셨던 것입니다. 그리고 패색이 짙었던 팀을 정규시간에 동점까지 되게 해주셨고, 연장전까지 치르게 해주셨습니다. 그런데 미식축구에서의 연장전은 Sudden Death(급작한 죽음)이라고 부르며, 이는 하나님이 데살로니가전서 5장 3절의 Sudden Destruction(홀연한 멸망)의 비유로 삼으신

것입니다. 그리고 그 연장전에서 팀 티보우는 단 한 번의 패스를 88번의 Thomas 선수에게 80야드를 던져 단 11초 만에 승리하는 기록을 세우게 해주셨던 것입니다. 홀연한 멸망이 오고 있다는 싸인이었던 것입니다.

2017년 미식축구의 최종결승전인 슈퍼볼에서는 슈퍼볼 역사상 최초로 연장전이 거행되었는데, 이 역시 홀연한 멸망이 곧 일어난다는 싸인이었던 것입니다. 2018년의 슈퍼볼은 금년 2월 4일 열렸는데, 그 날 열세였던 필라델피아의 이글스 독수리 팀이 우승을 한 것입니다. 그런데 주님은 이미 수년 전 한 자매에게 빌라델비아교회가 독수리 날개로 천국으로 끌어 올려질 것을 Vision 으로 보여주셨던바, 지난 슈퍼볼의 싸인으로 현실화 될 것을 Confirm(재확인)해 주신 것입니다.

8) 제3 성전의 건축도 임박한 싸인 입니다. 그런데 많은 분들은 현재 세워져 있는 이슬람의 우상인 황금돔이 파괴되고, 그 자리에 제3 성전이 세워질 것으로 보고 있지만, 저로서는 그 우상 옆에 나란히 세워질 것으로 보고 있습니

다. 저는 성전산(Temple Mount)을 몇 차례 직접 올라가 보았고, 그 이슬람의 우상 옆에 제3 성전이 세워질 수 있는 충분한 공터가 있음을 확인했던 것입니다. 하나님께서는 이삭을 제물로 드리기까지 믿음과 순종을 보였던 그 장소에 성전을 세워 하나님의 회복사역을 이루시는 것인데, 마귀는 어떻게 해서든 택한 백성의 유일신 신앙인 쉐마 신앙을 꺾어 타협케 함으로써, 제3 성전을 우상 옆에 나란히 세우게 하여 하나님이 이루시는 회복사역을 그 근원지로부터 원천 무효화되게 하고, 예수님의 재림을 저지 시키겠다는 것입니다. 그래서 적그리스도로 하여금 간계를 꾸미게 함으로써 제3성전을 우상 옆에 나란히 세우게 하며, 이른바 〈Two States Solution〉(두 국가 병존해법)을 밀어붙여 궁극적으로 이스라엘을 멸절 시키려는 것입니다. 그러나 먼저 평화의 간계에 속아 먼저 매를 맞고 돌아오는 한국교회가 형제된 이스라엘의 영적 눈을 뜨게 하여, 그들을 파멸로부터 구해내야 하는 것입니다.

"너희는 믿지 않는 자와 멍에를 같이 하지 말라 의와 불법

이 어찌 함께 하며 빛과 어두움이 어찌 사귀며 그리스도
와 벨리알이 어찌 조화되며 믿는 자와 믿지 않는 자가 어
찌 상관하며 하나님의 성전과 우상이 어찌 일치가 되리
요" (고후6장14-16절)

9) 앞서 설명 드렸듯이, 빌리 그래함 목사의 죽음 및 장
례식이 부림절날 거행된 것은 중요한 싸인인 것입니다.

10) 지난 4월 14일, 미국과 영국과 프랑스가 시리아에
공격을 감행한 것은 돌아 올 수 없는 강을 건넌 중요한 싸
인인 것입니다. 그리고 이어서 이스라엘이 시리아의 알레
포 이란공군기지를 폭격하여 상당수 이란군인들이 사망하
였으므로 보복 공격은 반드시 일어날 것입니다. 특히 이스
라엘의 독립 70주년을 맞는 5월 14일을 기하여 미국의 대
사관이 예루살렘으로 이전하게 되어 팔레스타인과 아랍국
들이 총궐기하는 상황에서 전면전이 터질 가능성이 높고 3
차 대전으로 확전 될 가능성도 매우 높은 위기의 시점인 것
입니다.

이상으로 하늘의 징조들과 땅의 싸인들을 10가지씩 살펴보았는데, 모두 Google에 들어가서 확인해 보실 수 있습니다. 그리고 과연 하나님이 얼마나 어서 준비되도록 애타하시며 호소하시는가를 알 수 있는 것입니다. 그러므로 진실한 성도들은 하나님이 나타내시는 이런 징조들과 싸인들 을 경외함으로 받들며 지켜보면서 화답하여 깨어 준비되어야 하는 것이고, 이를 완전히 무시하고 알려고도 하지 않는 것은 하나님을 망령되히 여기는 것과 다를 바가 없는 것입니다. 그리고 이제 휴거사건이 일어날 때 남은 한국교회는 왜 우리에게 알려 주시지도 않으시고 이렇게 하실 수 있느냐며, 입이 천만 개가 있을지라도 할 말이 없고, 원망하거나 항변 할 수가 없는 것입니다.

왜 2018년의 지금이
휴거의 때인가?

앞서 저는 오슬로평화협정이 체결된 1993년으로부터 7년 후인 2000년에 최종평화조약이 체결 될 뻔 했었으나, 하나님이 2000년으로부터 Borrowed Time(빌려 온 시간) 즉 덤으로 주어진 기간을 허락해 주셨다고 설명드렸습니다. 그래서 2000년으로부터 과연 연장의 기간이 몇 년일지가 사역자들의 최대 관심사였던 것입니다. 10년을 넘지 않으리라고 보았으나, 어느덧 18년이 된 것입니다. 18은 앞서 설명 드렸듯이, 오바마의 이름이 모두 알파벳 18 문자임으로 그가 다니엘 9장 27절에 기록된바, 최종평화조약인 마지막 1이레의 언약을 체결하고 환난기로 들어가게 된다고 볼 수 있는 것입니다. 그런데 몇 가지 더 확신을 주는 싸인들이 나타났습니다.

오래전부터 주님께서는 여러 신실한 사역자들에게 빌리 그래함 목사가 세상을 떠나면 나의 강림이 매우 가깝다고 동일하게 메시지를 주셨던 것입니다. 워낙 여러 신실한 사역자들이 동일하게 메시지를 받았기에 신빙성이 매우 높다고 보았습니다.

그래서 죄송스럽긴 하지만, 고령의 목사님이 언제 돌아가실지가 초미의 관심사였고, 편찮으셔서 병원에 입원 할 때마다 사역자들은 초긴장하여 지켜보곤 했던 것입니다. 그런데 과연 지난 2월 21일 99세의 나이로 생명이 거두어 졌던 것입니다. 약속을 의미하는 33을 3번 곱한 수입니다. 빌리 그래함 목사는 우리나라에서도 대집회를 하셨었고, 근대 개신교사상 가장 유명한 목사라고 해도 과언이 아닌 분입니다. 그래서 그 분의 죽음은 교회시대가 곧 끝나는 싸인일 수 있다고 여겨졌습니다. 그 분의 죽음 이래로 가장 먼저 오는 절기가 3월 2일의 부림절이었습니다. 부림절은 신부를 상징하는 에스더의 승리를 기념하는 절기로서, 유월절을 한 달 앞둔 보름달에 지키게 되어 있습니다. 그런데 앞장에서 설명 드렸듯이 강도 8.8의 Concepcion(잉태)지진이 2010년 부림절날 발생했던 것이고, 그 날로부터 지난 3월 2일의 부림절까지가 정확히 8년이 된 것입니다. 그래서 지난 부림절을 주의 깊게 지켜보았는데, 과연 빌리 그래함 목사의 장례식이 정확하게 부림절에 맞추어 거행된 것입니다. 그리고 트럼프 대통령 내외와 펜스 부통령 내외 및 유명인사 2천 3백여 명이 참석한 가운데, TV 로도 중계되는 장례식에서 딸인 앤 그래함 여사는 "Wake up! Jesus is coming!" (깨어나십시오! 예수님이 오십니다!)를 강력히 외쳤고, 데살로니가전서 4장 13절부터 18절까지를 읽으면서 가장 전하기 부담스럽고 껄끄러운 휴거 메시지도 담대히 외쳤던 것입니다. 따라서 에스더를 방불 할 만큼 담대함을 보인 앤 그래함 여사는 신부의 대표로서, 전 세계를 향해 마지막 경고를 외쳤다고 볼 수 있고, 따라서 부림절과 빌리 그래함 목사의 장례식이 겹쳤던 것은 결코 우연이 아니요, 하나님의 섭리라고 볼 수 있는 것입니다.

또 다른 중요한 싸인은 지난 4월 14일 미국과 영국과 프랑스가 시리아를 폭격한 사건입니다. 여러 사역자들이 주님으로부터 그 폭격은 돌아 올 수 없는 강을 건너는 사건이라고 일러 주셨던 것입니다. 그 폭격으로 진노한 푸틴은 현재 시리아와 이란과 터키 등을 규합하여 미국에 반격을 가할 전략을 막후에서 진행 중인 것입니다. 그리고 시리아에 폭격이 가해졌던 날에 이어서 이스라엘도 시리아 알레포의 이란공군기지를 전격적으로 폭격했는데, 이스라엘과 근접한 시리아지역에 이란 공군력이 증강되자 경고 폭격을 한 것이며, 상당수의 이란군인들이 사망했기 때문에, 조만간 이란의 보복공격이 있을 것은 확실하고, 이스라엘과 이란 사이에 전쟁이 터지면, 3차 대전으로 점화 될 것은 불을 보듯 한 것입니다.

평창올림픽을 계기로 급속히 조성된 남북 간의 평화무드가 비정상적일 정도로 기이합니다. 〈서문〉에서 쓴 바 대로, 현 상황은 다분히 미혹의 영에 의한 것이라고 확신됩니다. 데살로니가전서 5장 3절의 한국어 성경은 마치 평화와 안전을 누리고 있는 시대에 홀연한 멸망이 임하는 뉴앙스로 번역되어 있지만, 영어 성경은 "While people are saying Peace and Safety the sudden destruction shall come" (사람들이 평화와 안전을 말하고 있는 동안 홀연한 멸망이 임하리라) 라고 기록하고 있는 것이며, 따라서 현재 추진 중인 평화는 가짜 거짓의 기만이며, 어느 순간 홀연한 멸망이 덮칠 수 있는 것입니다. 그렇다면 앞으로 휴거의 대영광이 일어 날 수 있는 가능성을 한번 상고해 보기 원합니다.

1) 오는 5월 14일은 서기력으로 이스라엘이 독립한지 70주년이 되는 날입니다. 70은 한 세대를 의미하지요. 그런데 그 날은 유대종교력으로 세 번째 달인 Sivan월의 월삭입니다. 월삭은 골로새서 2장 16절-17절에 기록된바와 같이, 장래 일의 그림자이며, 그 몸은 그리스도의 것이라고 하였음으로 중대한 의미를 갖습니다. 고대에는 산헤드린의 두 관측인이 성전의 옥상에 올라가 육안에 보이도록 달이 실낱처럼 처음 나타날 때 이를 나팔을 불어 알렸던 것이며, 백성은 춤추고 노래하면서 새달을 축하하는 페스티발을 갖곤 했던 것입니다. 유대인들은 월삭을 Veiled Moon이라고

부르는바, 이는 달이 점점 가늘어졌다가 없어지는 현상을 신부의 얼굴에 베일이 내려지는 형상으로 보았기 때문입니다.

앞서도 설명 드렸지만, 고대 이스라엘 혼인풍습에서. 예비신부가 신랑이 오는 소리를 듣게 될 때 베일을 내리게 되어 있습니다. 리브가가 이삭과 혼인하기 위해 늙은 종과 함께 돌아오던 중 멀리 들판에서 배회하는 자가 신랑 될 이삭임을 알고는 약대에서 내려 면박을 썼는데, 면박이 곧 베일인 것입니다. 따라서 월삭은 신랑의 오심과 연관됩니다. 그러나 신부의 얼굴에 내려진 베일을 혼인 때 신랑이 들어 올리는 시점은 월삭이 될지 월망이 될지 확실치 않습니다. 월망의 보름달이 예수님의 사랑으로 가득 차는 신부의 상태를 의미한다고 할 때 월망일 수도 있습니다. 시편 81편 3절은 월삭과 월망에 나팔을 불지어다 라고 하였음으로 두 날을 다 지켜보아야 합니다. 고린도후서 3장 18절은 주님이 신부의 얼굴에 내려진 베일을 들어 올릴 때 얼마나 놀라운 영광의 사태가 일어나게 되는지 아래와 같이 기록하고 있습니다.

"우리가 다 수건(베일)을 벗은 얼굴로 거울을 보는 것같이
주의 영광을 보매 저와 같은 형상으로 화하여 영광으로
영광에 이르니 곧 주의 영으로 말미암음이니라"

(고후3장18절)

이처럼 이스라엘이 독립 70주년이 되는 날과 월삭이 겹
쳤던 5월 14일에 미국의 대사관이 예루살렘으로 이전하게
되어 중동이 초긴장의 상황에 휘말리고 있는 만큼, 이제 곧
중대한 사태가 터질 수 있음으로 주의 깊게 지켜보아야 하
는 것입니다.

2) Sivan월 월삭 다음으로 오는 가능성은, 오순절입니
다. 그런데 금년의 경우, 오순절을 카운트 하는 방식에 따
라 두 다른 날이 될 수 있습니다. 오순절은 첫열매인 일찍
익은 보리 한단을 추수하여 하나님께 흔들어 열납하는 초
실절로부터 50일을 카운트하여 지키게 되어 있는데, 레위
기 23장 11절은, 유월절로부터 첫 번째 오는 안식일 다음
날 지키도록 명하고 있습니다. 문제는 유월절이 안식일과

겹치게 될 때는 어떻게 해야 하느냐인 것입니다. 메시아닉 랍비는 그럴 경우, 그 다음 주 안식일 다음 날 초실절을 지키는게 맞다고 해석합니다. 공교롭게도 금년 유월절이었던 3월 31일이 안식일이었고, 그래서 교회에서는 그 다음 날인 4월 1일의 주일을 초실절(부활절)로 지켰던 것입니다. 그러나 엄밀하게 본다면, 한 주일 늦는 4월 8일 날을 초실절(부활절)로 지키는 것이 맞는다고 할 수 있는 것입니다. 그러므로 4월 1일부터 50일을 카운트하면, 5월 21일이 되고, 4월 8일로부터 50일을 카운트하면 5월 28일이 되는 것입니다. 오순절을 영어로는 Pentecost라고 부르고, 히브리어로는 Shavout이라고 부릅니다.

여호와의 7절기들 중 그 중앙의 중심이 오순절입니다. 이스라엘의 메노라 촛대는 모두 7촛대로 구성되어 있는데, 그 중앙촛대는 다른 촛대들에 기름을 공급하는 기능을 가지고 있어 Servant 촛대 즉 섬기는 촛대로 부르는 바, 모든 필요를 공급하고 만물의 중심이 되시는 주님을 상징하는 것입니다. 따라서 그처럼 중요한 중앙촛대를 7절기에 적용할 때 오순절이 바로 그 중앙의 중심이 되는 것입니다.

이스라엘인들은 오순절을 유월절의 Conclusion(결말)이라고 여기며, 하나님은 50일을 카운트 할 때 Omer Counting(오메르 세기)라고 하여 매일 아침마다 그 날이 Omer Counting의 몇 번째 날인지를 복창하도록 하셨습니다. 그 만큼 오순절을 중요하게 여기셨던 것이며, 50은 Jubilee(희년)을 의미하는 수로서 희년은 해방과 자유의 의미를 갖는 것입니다. 저는 이미 오래전부터 원리적으로는 오순절이 휴거의 절기임을 주장해 왔습니다. 그러나 그 날과 그 시는 하나님 아버지만이 아시고, 최종 주권은 하나님께 있는 만큼, 아무리 오순절이 원리적으로 휴거의 절기라고 믿어져도 우리 인간이 반드시 그렇다고 단언 할 수는 없는 것이며, 그래서 그동안 늘 이런 저런 하나님의 가능성들을 상고해 보며 여기까지 온 것입니다. 그런데 앞서도 설명 드렸듯이, 여러 여건들이 금년임을 가리키고 있어서, 그렇다면 원리적으로 휴거의 절기인 오순절에 복된 소망이 있지 않겠는가라고 다시금 아래와 같이 살펴보기를 원하는 것입니다.

a 이스라엘 백성이 출애굽을 하여 홍해를 건너고 광야를 거쳐 시내산에 이르렀을 때가 50일이 되는 시점이었습니다. 그 50일이 되는 시점에 백성은 하나님께로부터 율법을 받았고, 또 중요한 언약을 받았던 것입니다. 출애굽기 19장 5절-6절은 아래와 같이 기록하고 있습니다.

"세계가 다 내게 속하였나니 너희가 내 말을 잘 듣고 내 언약을 지키면 너희는 모든 민족 중에서 내 소유가 되겠고 너희가 내게 대하여 제사장 나라가 되며 거룩한 백성이 되리라 너는 이 말을 이스라엘 자손에게 전할지니라"

(출19장5~6절)

이 언약은 하나님이 자기 백성과 혼인하겠다는 의미로서, 모세가 장로들과 백성에게 이 제의를 전했을 때에 모두 화답했던 것입니다. 당시는 율법이 막 주어지는 때였으므로 오순절이라는 절기를 알지 못하였으나, 후에 그 때가 오순절에 해당됨을 알게 되었던 것이며, 그래서 이스라엘은 오순절을 율법을 받은 날과 혼인 언약이 주어진 날로 여기는 것입니다. 이스라엘인들의 오순절 로고를 보면 두 반지가 그려져 있는데, 이는 자신들이 하나님과 혼인하는 언약을 받은 절기로 오순절을 지키기 때문인 것입니다.

그런데 문제는 그 혼인언약이 조건부 언약이었다는 점입니다. 다시 말해 **"너희가 내 말을 잘 듣고 내 언약(계명)을 지키면"**이라는 조건이 붙은 언약이었던 것인데, 그들이 그 조건을 긴긴 이스라엘의 역사 동안 지키지 못했던 것입니다. 혼인언약에 온 백성이 동의한지 잉크도 마르기 전에 그들은 모세가 하나님께 올라가 있는 동안도 인내하지 못하고 금송아지의 우상을 만들어 죄악을 범했던 것입니다. 당시 하나님은 진노하시어 백성을 멸절하려 했으나, 모세의 간곡한 중보로 3천명이 죽임을 당하는 선에서 용서 받았던 것입니다. 그러나 불신앙과 불순종의 죄악은 계속 되었습니다.

바란광야의 가데스에서 12정탐꾼을 가나안으로 들여보냈을 때 여호수아와 갈렙 두 정탐꾼을 제외한 나머지 10명 모두는 모두 부정적인 보고를 하였고, 백성은 불평, 불만, 원망하면서 또 다시 불신앙과 불순종의 죄악을 범했던 것이며, 당장 가나안을 정복 할 수 있었음에도 38년을 더 광야에서 시련을 겪어야 했던 것입니다.

흔히 여호수아를 믿음의 지도자로 여기지만, 그도 불신앙과 불순종의 죄악을 범하기는 마찬가지였습니다. 가나안의 족속들을 진멸치 않고 남겨서 친근히 하며 더불어 혼인하고 피차 왕래하면, 그들이 올무가 되고 덫이 되며 너희 옆구리에 채찍이 되고 너희 눈에 가시가 되리라고 하나님이 일러 주셨는데도, 여호수아가 불순종함으로 말미암아 그때 남긴 블레셋은 긴긴 역사 동안 끊임없이 이스라엘을 괴롭혔고, 오늘날의 팔레스타인이 그들의 후손인 것입니다. 가나안을 정복한 후 사사기 동안에도 죄악의 악순환은 계속되었습니다. 그나마 다윗왕은 하나님이 사랑하였고, 마음에 합한 자였습니다. 솔로몬왕은 성전을 건축한 위대한 업적을 남겼지만 타락하여 북이스라엘과 남유다의 두 왕국으로 나누어지게 되었습니다. 남유대왕국에서는 그런대로 하나님이 합당하게 여기는 왕들이 더러 있었으나, 북이스라엘의 대다수 왕들은 하나님 앞에서 악을 행하였습니다. 그 후 결정적인 죄악은 오신 메시야를 배척 처형한 것이었습니다. 마태복음 9장 15절에는 예수님이 하신 의아한 말씀이 기록되어 있습니다.

> "혼인집 손님들이 신랑과 함께 있을 동안에 슬퍼할 수 있
> 느뇨 그러나 신랑을 빼앗길 날이 이르리니 그때에는 금식
> 할 것이니라" (마9장15절)

이 말씀에서 신랑을 빼앗긴다는 표현은 무슨 의미일까
요? 예수님이 메시야로서 택한 백성과 혼인 할 신랑으로
왔으나, 자기 백성이 배척하게 되는 상황을 말씀하신 것입
니다. 그런데 신랑이 그냥 돌아가 버린다고 하지 않으시고,
신랑을 빼앗기게 된다고 말씀하신 것입니다. 다시 말해 다
른 혼인의 상대에게 빼앗기게 된다는 것입니다. 다른 혼인
의 상대는 누구일까요? 바로 이방교회인 것입니다. 에베소
서 5장 31절-32절은 이렇게 기록하고 있습니다.

> "이러므로 사람이 부모를 떠나 그 아내와 합하여 그 둘이
> 한 육체가 될지니 이 비밀이 크도다 내가 그리스도와 교
> 회에 대하여 말하노라" (엡5장31~32절)

이 말씀에서 그리스도와 교회가 혼인하여 한 몸을 이루는 관계가 됨을 말씀하신 것입니다. 베드로전서 2장 9절의 말씀입니다.

"그러나 너희는 택하신 족속이요 왕 같은 제사장들이요 거룩한 나라요 그의 소유가 된 백성이니 이는 너희를 어두움에서 불러내어 그의 기이한 빛에 들어가게 하신 이의 아름다운 덕을 선포하게 하려 하심이라" (벧전2장9절)

이 말씀은 출애굽한 이스라엘 백성이 50일 만에 시내산에 이르렀을 때 하나님이 그들에게 제시했던 혼인 언약과 동일한 내용인 것입니다. 따라서 택한 백성이 조건을 지키지 못함으로 그 언약이 교회로 넘어오게 되었음을 알 수 있는 것입니다. 호박이 넝쿨 채 넘어 들어 온 것입니다. 예수님이 스스로 생명을 내어 주신 후 옆구리를 찔려 쏟으신 물과 피로 성도들이 나오게 되었는데, 이는 하나님이 아담을 깊이 잠들게 한 후 옆구리를 통해 돕는 배필을 지어주신 것과 동일한 모형임을 이미 설명 드린바 있습니다. 택한 백성이 메시야를 배척 처형하자 그들을 향한 회복사역은 일단 중지되고, 하나님은 교회시대를 여시면서 교회에서 신부를 택할 것을 미리 정하셨던 것이며, 아들이 옆구리를 찔리시어 쏟은 물과 피로 교회에서 신부들을 취할 준비를 이미 하신 것입니다. 그리고 예수님이 그 십자가의 고통과 부끄러움을 다 이길 수 있으셨던 것은 앞에 놓인 즐거움 때문이었는데, 그 즐거움이 교회에서 배출 될 신부들과의 혼인이었던 것입니다. 그래서 예수님이 초림 때 오셔서 가장 먼저 가나의 혼인잔치에서 기적을 베푸셨던 것이며, 가나의 혼인잔치는 어린 양의 혼인잔치의 예표였던 것입니다.

택한 백성이 오순절에 주어졌던 혼인언약의 조건을 충족시키지 못하였음으로 택한 백성 대신 교회에서 신부를 취하기 위해 오순절날 성령님이 강림하셨던 것이며, 오늘날까지 신부를 찾아 준비 시키고 있는 것입니다. 이 모형이 아브라함(하나님)께서 이삭(예수님)의 배필을 택하기 위해 늙은 종(성령님)을 메소포타미아로 보내어 리브가를 택하여 돌아오는 것인데, 메소포타미아는 이방을 의미하는 것입니다. 그리고 오순절에 강림하신 성령님이 목적을 다 이루시어 오순절에 신부를 데리고 떠나가실 수 있다고 보는 것이며, 이 떠나감이 곧 데살로니가후서 2장에 기록된바, 〈막는 자의 옮겨짐〉인 것입니다. 그러므로 엄밀한 의미에서 오순절은 아직 완성되지 않았고, 성령님이 신부를 데리고 떠나 하나님의 보좌 앞에 나아가게 될 때 완성된다고 할 수 있는 것입니다. 물론 반드시 오순절에 떠나감이 있을지는 하나님 아버지만이 아시는 것이며, 원리적으로는 맞는다고 하여도, 최종 주권은 하나님께 있는 것입니다. 그러나 택한 백성으로 하여금 노여워하며, 시기나게 하여 돌아오게 하는 로마서의 말씀이 응해지기 위해서도 오순절에 일어 날 가능성이 높은 것입니다. 왜냐하면 자신들이 누렸어야 했을 오순절의 혼인 언약을 이방 신부에게 빼앗긴 것을 알게 하기 위해서라도 오순절에 휴거가 일어나야 그들을 깨우칠 수 있기 때문입니다. 마태복음 8장 11절–12절에 기록된바, 예수님은 아래와 같이 말씀하셨습니다.

"너희에게 이르노니 동서로 부터 많은 사람이 이르러 아브

라함과 이삭과 야곱과 함께 천국에 앉으려니와 나라의 본
자손들은 바깥 어두운데 쫓겨나 거기서 울며 이를 갊이
있으리라"(마8장11~12절)

이 말씀에서 예수님이 유대인들의 조상을 언급한 이유가
있습니다. 택한 백성이 자신들 대신 이방신부가 자신들만
의 하나님이라고 믿어 온 야훼 하나님과 모든 천국의 복과
영광을 누릴 뿐만 아니라, 그들이 끔찍이도 존중하는 그들
의 조상들과도 모든 복과 영광을 누리고 있음을 영안이 열
려 보게 될 때 그만 눈이 뒤집혀 노여워하고 시기가 나게
된다는 것입니다. 마지막 1이레로 들어가면 하나님의 회복
사역은 택한 백성에게 초점이 맞추어 지는 것이고, 그들을
돌이키기 위해서 오순절날 이방 신부가 취해질 가능성이
높다고 보아야 하는 것입니다.

b 여호와의 모든 절기들 중 추수와 연관된 절기는 오직
세 절기뿐입니다. 즉 초실절과 오순절과 장막절입니다. 추
수절기는 육신을 입고 있는 인간이 부활/변형되어 영화로

운 몸으로 하나님께 열납되는 의미인 것입니다. 초실절은 일찍 익은 보리 한단을 추수하여 하나님께 열납하는 절기입니다. 오순절은 일찍 익은 밀을 추수하여 하나님께 열납하는 절기입니다. 장막절은 늦게 익은 밀을 포함하여 포도와 올리브 등 과일들의 모든 추수를 끝내고 지키는 축제입니다. 초실절은 예수님이 첫 열매로 부활하시어 소수의 성인들과 함께 열납됨으로써 완성되었습니다. 오순절은 일찍 익은 밀을 추수하기 위하여 성령님이 강림하시기만 했을 뿐 아직 부활/변형 및 열납이 이루어지지 않았음으로 아직은 완성되지 않은 상태입니다. 장막절은 예수님이 지상재림하신 후 마지막 때 있을 부활을 의미합니다. 그런데 이 추수절기는 앞서 설명 드렸듯이, 고린도전서 15장 22절-24절에 기록된바, 하나님께 열납되는 세 차례와 정확히 일치하는 것입니다.

그러기에 오순절을 휴거의 절기로 보아야 하는 것입니다. 가을 절기의 나팔절을 휴거의 절기로 보는 주장들이 있으나, 절대자 하나님께서 오순절을 완성 시키지 않으시고 미완성으로 남겨둔 채 다음 가을의 절기로 건너 뛸 수 있겠는지요? 절대자이시고 완전자이신 하나님이심을 고려 할 때 이는 있을 수 없다고 보아야 할 것입니다. 고대 이스라엘의 농사에서 일찍 익은 밀은 5월 중에 추수하였다고 합니다. 일찍 익지 못한 밀은 여름의 뜨거운 태양 아래서 더 성숙된 후 초여름에 추수한다고 합니다. 여기서 뜨거운 여름은 이미 환란기가 시작되었음을 의미하는 것이며, 초여름에 추수한다고 해서 휴거가 추가로 있는 것은 아니고 가을까지 기다렸다가 포도와 올리브 등의 과일 추수를 다 끝내고 축제를 지켰다고 합니다. 밀은 거칠어서 일찍 익지 못한 밀들은 후에 타작기로 세게 쳐서 추수했다고 하며, 고대의 타작기를 Tribulum이라고 불렀는바, 이 이름에서 Tribulation(환란기)이 유추되었다고 합니다. 그 유명한 마태복음 24장 32절-33절의 말씀입니다.

"무화과나무의 비유를 배우라 그 가지가 연하여지고 잎사귀를 내면 여름이 가까운 줄을 아나니 이와 같이 너희도 이 모든 일을 보거든 인자가 가까이 곧 문 앞에 이른 줄을 알라" (마24장32~33절)

물론 이 말씀을 이스라엘의 회복에 맞추어 해석하기도 하지만, 〈여름이 가까운 줄을 아나니〉의 대목이 여름 직전의 상황을 의미했다고도 볼 수 있는 것입니다.

C 이방여인 룻과 보아스의 혼인이 이방신부와 예수님과의 혼인을 상징한 모형임은 다 잘 아실 것입니다. 그런데 유대인들은 그 의미도 모르고, 오순절날 Synagogue(회당)에서 룻기를 낭송하는 전통이 있는바, 그들은 단지 그들의 혼인이 오순절의 시점에 일어났기 때문에 그렇게 하는 것이며, 그 시점이 바로 보리 추수를 끝내고 일찍 익은 밀을 거두는 시점인 것입니다. 그리고 룻과 보아스가 혼인하게 됨으로써 끊어질 뻔 했던 기업이 물어지게 되었는데, 룻이 나오미의 은혜를 갚음으로써 다 함께 기업을 누리게 된 것이며, 이것이 이스라엘의 실패로 끊어질 뻔 했던 하나님의 회복사역이 이방교회 중 빌라델비아교회가 예비 됨으로써 이어지게 되었고, 이스라엘에게 복음의 은혜를 갚아 이스라엘도 함께 회복사역을 이루어 나가게 되는 정확한 모형인 것입니다.

d 휴거자의 대표적인 인물이 에녹인데, 에녹이 바로 오순절에 출생하고, 오순절에 옮겨진 것입니다.

e 다윗왕도 오순절에 출생하였고, 오순절에 세상을 떠났습니다.

f 모세가 죽고 난 후 40년의 광야생활을 끝낸 이스라엘 백성을 여호수아가 이끌고 요단강을 건넜는데, 그 날이 종려주일에 해당되는 니산월 10일이었습니다. 그리고는 길갈에서 신세대가 다 할례를 받았으며, 유월절을 지키고 나서, 낫기를 기다렸다가, 여리고성을 7일 동안 행군하였으며, 7일째 날 나팔을 일제히 불고 함성을 외침으로 여리고성이 무너졌던 것입니다. 그런데 성경은 낫는 기간이 얼마였는지는 밝히지 않고 있습니다. 당시는 들판에서 원시적인 방법으로 할례를 행하였음으로 낫기에 상당한 기간이 걸렸을 것으로 추정 할 수 있습니다.

그리고 가나안으로 쳐들어가 본격적인 전투를 행하여야 했음으로 전투를 할 수 있는 몸 상태가 되어야 했고, 또 전투 훈련도 받아야 했을 것임으로, 이 여러 여건들을 고려할 때 여리고성이 무너진 시점이 오순절이었을 가능성이 있다고 볼 수 있습니다.

창세기 34장에 기록된바 야곱의 아들들의 여동생 디나가 추장 세겜에게 겁탈을 당하였고, 세겜이 디나를 사랑하여 혼인해 주기를 간청하면서 서로 화친하기를 소망하였습니다. 그때 야곱의 아들들이 할례 받지 아니한 족속들과 화친 할 수 없으니 남정들이 할례 받기를 요구하였고, 그들이 끙끙 앓고 있을 때 야곱의 아들들이 습격하여 쳐 죽인 사건이 있었습니다.

따라서 이스라엘의 신세대가 할례를 받고, 유월절을 지킨 후 바로 여리고성으로 올라갔을 리는 없으며, 충분한 전투 준비를 했다고 볼 때, 오순절 7일전부터 행군을 시작하여 오순절에 성이 무너졌다고 볼 수 있고, 여리고성의 무너짐이 영계로 들어가는 모형일 수 있는 것입니다. 빌리 그래함 목사가 세상을 떠난 2월 21일이 유대종교력으로는 12번째 달인 Adar월의 7일이었는데, 모세의 생명이 거두어진 날도 기원전 1407년의 Adar월 7일이었던 것입니다. 여기에는 무슨 의미가 있을까요? 모세의 바톤을 이어받아 여호수아가 백성을 이끌고 요단강을 건넜던 것인데, 따라서 빌리 그래함 목사의 죽음 이후로 택한 자의 신부들이 요단강을 건너 여리고로 쳐들어가는 카운트가 시작되었다는 의미이며, 부림절과 빌리 그래함 목사의 장례식이 겹쳤던 3월 2일로부터 5월 28일 보름달까지가 88일이 되는 것입니다. 8은 할례를 행하는 새로운 시작의 의미로서 88은 더블 8인 것입니다. 2005년 Kelly라는 자매는 Vision을 보았는데, 구름이 포효하는 사자의 얼굴로 변화되었고, 그 안에서 손이 나왔으며, 손 안에는 무한대의 심벌이 있었다고 합니다. 그리고는 "나는 시작과 끝이요 스스로 있는 자이니라"라는 음성을 들었으며, 그 무한대의 심볼은 8자로 변화되었고, 8은 888로 다시 변화되었는데, 그때 "888의 연관성을 찾아보아라" 라는 음성을 들었다고 합니다. 그래서 8.8의 잉태지진이 발생했던 부림절날로부터 빌리 그래함 목사의 장례식이 거행되었던 지난 3월 2일의 부림절날까지가 8년이었고, 3월 2일로부터 5월 28일까지가 88일임으로, 혹시 이 연관성을 의미한 것은 아닐지 예상해볼 수 있는 것입니다. 2010년 John Lawler 라는 형제는 달이 "in the top of it's phase" 즉 달이 Top의 형태가 될 때 미국에 대폭발이 일어나게 된다고 받았던바, 이를 월삭으로 볼 수도 있고, 월망으로 볼 수도 있으나, 본인은 보름달로 이해되었다고 합니다. 그런데 5월 28일이 보름달인 것입니다.

Jerry라는 형제는 미국의 3대 공휴일인 Memorial Day(현충일), Independence Day(독립기념일), Labor Day(노동절) 중 하루에 핵폭발이 일어나는 Vision을 보았는데, 5월 28일이 바로 Memorial Day인 것입니다. 물론 개인이 받는 메시지는 절대성이 있다고 할 수 없고, 참조만 해야 하지만, 그렇다고 무시해서는 안 되는 것이며, 주의 깊게 지켜보면서 대비해야 하는 것입니다. 앞서 소개해 드린 10가지 〈땅의 싸인들〉 가운데는 포함되지 않았지만, 미국 사이트들에서 또 다른 유명한 화제는 Vincent Tan 형제에게 천사가 2불 34센트를 주고 간 간증입니다.

그런데 작년 9월 23일에 나타났던 계시록 12장의 징조로 부터 이스라엘의 70주년 독립기념일인 5월 14일까지가 234일이 되는 것입니다. 앞서 설명드렸듯이, 5월 14일은 월삭인데다 미 대사관의 이전으로 초긴장의 상황에 휘말리고 있고, 특히 트럼프의 이란 핵협정 파기로 이제 3차 대전으로 가는 것은 시간문제인 것입니다.

그러므로 그 날과 그 시는 하나님 아버지만이 아실지라도 일단은 오순절의 두 날인 5월 21일과 5월 28일에 잘 예비되어 있어야 할 것입니다. 물론 오순절이 맞다 해도 현재 이스라엘이 사용하는 또 다른 토라 카렌다는 차이가 있고, 이 카렌다들이 과연 창조 때로부터 하나님이 카운트하시는 카렌다인가 라는 문제도 있습니다. 다만 계절적으로 여름 전일 수 있음으로 진실하게 상고는 하되, 날은 절대 정할 수 없는 것이며, 결코 멀지는 않은 만큼, 항상 깨어 잘 준비되어 있어야 하는 것입니다. 빌리 그래함 목사의 장례식이 부림절과 겹쳤던 날로부터 혹시 99일이 카운트되지는 않을지 지켜 볼 필요도 있을 것입니다.

위에서 설명 드렸듯이, 룻기는 4장 밖에 안 되지만, 하나님이 이루시는 역사가 압축되어 정리된 가장 아름다운 사랑이야기라고 할 수 있습니다. 베들레헴에 흉년이 들어 나오미의 가족은 모압으로 이주했는데, 그곳에서 남편과 두 아들은 다 죽고, 두 자부하고만 돌아오게 됩니다. 이는 이스라엘의 불신앙과 불순종으로 나라는 황폐되었고, 이방으로 흩어졌으며, 이방에서 교회가 나오게 된 의미입니다. 두 자부 중 오르바는 돌아가고, 룻은 나오미를 따라 베들레헴으로 돌아왔지요. 오르바는 광야를 통과하다 세상(애굽)으로 되돌아간 교회로서, 대다수 한국교회가 해당되는 것입니다. 룻은 끝까지 베들레헴으로 돌아왔는데, 베들레헴은 떡의 집이라는 의미이고, 고대 성전시대에는 유월절에 희생 시킬 어린양을 베들레헴에서 취해 왔음으로, 베들레헴은 예수님의 살과 피의 본질을 의미하며, 룻은 예수님 안으로 올인했다는 의미입니다. 룻은 나오미의 도움으로 보아스를 알게 되어, 목욕하고, 기름을 바르며 의복을 입은 후 보아스의 발치에 누웠는데, 이는 이스라엘의 뿌리를 통해 복음의 진수를 알게 되고, 자신을 성결케 하여 성령님의 충만함을 입으며, 세마포를 차려 입고 주님의 발 아래로 나아간다는 의미인 것입니다. 그리하여 룻은 보아스의 마음에 들어 혼인하고 기업을 무르게 되며, 나오미에게 은혜를 갚아 다함께 기업에 동참하게 됩니다. 이는 이방신부와 주님

의 혼인이 이루어지고, 끊어질 뻔 했던 하나님의 회복사역
이 이어지게 되었으며, 이방신부가 이스라엘에게 은혜를
갚아, 결국 이스라엘도 돌아와 주님의 왕국에 합류하게 되
는 의미입니다. 그렇게 볼 때 이제 룻과 보아스의 혼인이
곧 이루어 질 시점인데, 문제는 세상으로 돌아간 오르바의
한국교회는 어떻게 해야 하느냐 하는 것입니다. 지금 짧은
시간만 남아 있는 시점에서 오르바는 어서 속히 베들레헴
으로 달려가야 하는 것입니다. 광야를 통과하다가 애굽으
로 되돌아간 한국교회이지만, 어서 속히 뛰쳐나와 가나안
을 향해 달려가야 한다는 것입니다. 그러나 과연 시간이 될
까요? 다음 장에서 설명 드리겠습니다.

Chapter 10

한국교회와 한국민족의
영원한 복과 영광을 위하여……

　주님께 주님의 영화만을 만들겠다고 서원을 한 이래로 저는 수많은 작품들을 만들었습니다. 주님의 영화일지라도 극영화든 다큐멘타리든 제작비가 많이 들어갑니다. 초기에는 주님이 그런 제작비를 다 채워 주신다는 믿음이 없었습니다. 그래서 세상적인 방법으로 지분을 분배하여 투자로 충당하는 시도를 했는데, 주님이 기뻐하시지 않았고, 오히려 상당한 부담만 떠안는 결과를 초래했습니다. 점차 주님의 영화는 오직 주님의 방법으로 제작되어야 함을 배우게 되었고, 믿음으로 주님께 온전히 맡길 때, 과연 주님은 초자연적인 기적의 방법으로 제작비를 충당해 주셨습니다. 그동안 제작 보급된 여러 영화들을 통해 주님이 베풀어 주신 기적들을 소개하자면 책을 따로 한권 써야함으로 이 책에서는 생략 할 수 밖에 없겠네요. 주님의 사역에는 절대적인 성결함이 요구됨도 철저히 체험하게 되었습니다. 더욱 놀라운 사실은, 성령님이 영화 전문가인 저보다 훨씬 더 영화 전문가이심을 알게 된 것입니다.

아무리 성령님이 그런 영화라는 매개체에 전문가이실까라고 의문을 제기하는 분들도 계시겠지만, 저는 직접 체험을 했던 것입니다.

성령님은 기획의 아이디어를 주시고, 시나리오를 써주시며, 캐스팅도 해주십니다. 제작비를 충당해 주시고, 현장에서 연출의 영감도 주십니다. 연기자들의 연기가 잘 안 풀릴 때 연기도 도와주십니다. 작품이 보급 될 때에도 관여하십니다. 성령님은 무한하고도 최고의 창의력을 가지시고 계십니다. 실로 성령님께 민감하게 깨어 있어 인도하시는 대로 순종하여 따라가며 동행 할 때 말할 수 없는 기쁨과 만족을 누리게 됩니다. 그동안의 작품들을 되돌아 볼 때 작품 하나하나에 주님께서 한국교회에게 주시고자 하는 메시지들의 연속성이 있었음을 깨닫고 놀라움을 금할 수 없었습니다. 예를 들어 보겠습니다.

⟨예수 천당⟩

이 영화는 한국의 초대교회 때 크게 역사하셨던 최봉석
(권능)목사님의 일대기입니다. 흔히 최 목사님이 무식하여
"예수천당"만 외치고 다니셨을 것으로 생각하지만, 전혀
그렇지 않았습니다. 최봉석은 머리가 비상한 분이셨고, 출
세의 야망도 컸으며, 성격은 개떡 같이 고약했습니다. 그런
분이 예수님을 만나고 부터는 천국복음의 근본을 깨달았던
것입니다. 자신이 온전히 죽음으로 성령님의 소유가 되고
사로잡히며 운행되어져 큰 권능을 행했습니다. 이름도 최
봉석에서 최권능으로 바뀌게 되었습니다. 일등 가는 전도
자로서 복음전파에 앞장섰고, 100여 교회를 세웠으며. 최
목사님은 신사참배에 맞서 신앙의 절개를 지키고 승리하셨
습니다.

당시 저는 크리스찬 영화가 너무 무겁고 어두워 좀 재미
있으면서도 은혜를 받을 수 있는 소재를 찾다가 목사님의
일대기를 택하게 되었는데, 알고 보니 주님이 그런 아이디
어를 주신 것이었습니다. 주님이 그 영화를 만들게 해주신

데에는 환난기 동안 한국교회의 주의 종들이 모두 최권능 목사님과 같이 되도록 하나의 롤 모델로 제시해 주신 뜻이 계셨던 것이었습니다.

<다시는 나누이지 않으리라>

한국은 전 세계에서 유일하게 남아 있는 분단국가입니다. 그것도 70년의 긴긴 세월 분단의 아픔과 슬픔을 겪고 있습니다. 그런데도 그 분단의 영적 이유를 교회는 깨닫지 못하고 있습니다.

북한은 악이고, 한국은 선이다 라고 단순히 여기고 있고, 그래서 트럼프가 작년에 한국을 방문하여 국회에서 연설을 했을 때 하나님의 마음을 대변한 명연설이라고 교계는 흥분하였지요.

얼마나 한국교회가 하나님의 마음과 멀리 떨어져 있는지를 보여 준 단면이었습니다. 인공위성이 밤에 한반도를 지나며 찍은 사진 한 장이 충격을 주었습니다. 북한은 칠흑같이 캄캄한 반면 한국은 찬란하게 빛으로 가득 차 있었던 것입니다.

그런데 어느 기도의 종이 새벽기도를 하던 중 정반대되는 한반도의 Vision을 보았다고 합니다. 그래서 잘못 보았을 것으로 여기고 주님께 여쭈었더니, 북한의 지하교회와 한국교회의 영적상태를 보여 준 것이라고 주님이 알려 주셨다는 것입니다. 그만큼 한국교회가 남북분단의 영적 의미를 깨닫지 못하고 있는 현실인데, 주님께서는 이를 주제로 이 작품을 만들게 해주셨던 것입니다. 그리고 앞에서도 설명 드렸듯이, 오늘날 이 세상은 신세계 질서 세력에 의해 꼼짝없이 장악되어 가는데, 한국교회만은 까맣게 모르는 채 그저 복과 은혜 받는 것 밖에 모르니, 주님께서 이 영화를 통해 남북분단의 영적 의미와 함께 신세계 질서 세력의 계략을 까밝히는 내용으로 영화를 만들게 해주셨던 것입니다.

⟨가장 위대한 사랑이야기⟩

이 작품은 탤런트 최선자 권사님을 모시고 이스라엘 성지를 순례하면서 메시지에 찬양을 곁들여 뮤비 형식으로 만든 아름다운 다큐멘타리입니다. 이 작품을 만들게 된 동기는 당시 이슬람이 SBS에 막대한 자금을 지불하고 문성근의 해설로 ⟨신의 길, 인간의 길⟩이라는 다큐멘타리를 방영했는데, 이슬람만이 진실한 종교이고, 기독교는 거짓 종교로 비하한 내용이었습니다. 그래서 교계는 발칵 뒤집혔고, 각 신문에 전면 반박문을 싣기도 하였습니다. 그러나 주님께서는 그런 반박보다는 오히려 주님의 깊은 사랑을 그리면서, 한국교회가 첫사랑을 회복하도록 이 작품의 영감과 감동을 주셨던 것입니다. 계시록 2장 4절-5절의 말씀입니다.

"그러나 너를 책망 할 것이 있나니 너의 처음 사랑을 버렸느니라 그러므로 어디서 떨어진 것을 생각하고 회개하여 처음 행위를 가지라" (계2장4~5절)

＜왜 오직 예수 그리스도만이 구원의 길인가＞

3장에서도 설명 드렸듯이, 한국교회는 복음을 종교로 받아들임으로 말미암아 첫 단추를 잘못 끼워 오늘날 밑바닥에 떨어진 상태가 되었습니다. 게다가 종교화합운동이 교계로 빠르게 파고드는 위경에 처하게 된 것입니다. 그래서 복음은 종교가 아니며, 왜 오직 예수 그리스도만이 구원의 길인지를 조목조목 10가지의 논리적인 방법으로 입증하는 다큐멘타리를 만들게 되었던 것입니다. 한국어로만 제작되었었는데, 이 작품을 본 LA 세계등대교회의 이상남 목사님이 감동을 받아 사비를 털어, 영어와 중국어와 일어와 스페인어와 러시아어로 모두 번역, 제작하도록 도움을 주셨던 것입니다.

＜밧모섬의 메시지＞

사도요한이 계시록을 받았던 밧모섬에 찾아가 작품을 만

들도록 감동을 주셨습니다. 주님이 사도요한을 통해 7교회에게 서신을 보내게 하셨음으로, 이 작품의 부제를 〈사도요한이 한국교회에게 보내는 영상서신〉으로 정했습니다. 터키의 에베소에서 촬영을 마치고 밧모섬으로 들어가려고 쿠사다시로 갔는데, 2월말의 비수기여서, 밧모섬으로 들어가는 배편이 없다는 것이었습니다. 하는 수 없이 체스메로 이동하여 그리스의 기오섬으로 들어 간 후 사모스섬으로 이동하여 피타고리오에서 밧모섬으로 들어가는 배를 탔습니다. 후에 알았지만, 기오섬과 사모스섬은 사도바울이 전도여행 때 들렸던 섬이었던 곳입니다. 밧모섬의 구석구석을 찾아다니며 촬영하면서, 인류역사의 마지막 대단원을 장식 할 계시록이 그 작은 섬에 유배되어 절망의 나날을 보내고 있었던 한 사랑의 사도에게 내려진 하나님의 섭리를 깨닫게 되었던 것입니다. 즉 작은 자들을 통한 하나님의 사랑으로 이 세상을 정복하시겠다는 뜻이었던 것입니다. 그리고 사도요한이 받았던 계시록이 복음의 마지막 주자인 한국교회가 이어 받아 사랑으로 이루게 되는 섭리도 깨닫게 되었던 것입니다. 그래서 이 섭리를 한국교회에게 호소하는 감동적인 메시지를 담았던 것입니다.

〈하나님의 선물, 독도〉

독도를 자기네 땅이라고 우기는 일본의 행태가 도를 넘고 있습니다. 여기에도 저는 영적인 이유가 있다고 보았습니다. 한국교회가 어서 속히 철저히 회개하고 돌아오지 않으면, 그렇게 애착을 갖는 독도를 결국 일본에게 빼앗기게 된다는 깨달음이었습니다. 그래서 독실한 크리스찬으로서, 〈독도화가〉로 잘 알려진 동곡 권용섭 화백의 간증을 토대로 메시지를 곁들이는 다큐멘타리를 만들게 되었던 것입니다. 실로 독도를 통해 하나님이 주시는 메시지는 심오했습니다. 망망대해에 홀로 서서 그 오랜 세월 온갖 풍파를 이겨내며, 위풍당당하게 굳건히 서있는 위용은 이제 한국 땅에 닥쳐 올 그 엄청난 풍파에도 불구하고 오직 주님만을 신뢰 의뢰하며 이겨내게 될 한국교회의 위용을 보는 듯 했습니다. 육과 영의 전쟁에서, 육으로 맞서 싸우면 반드시 패배하게 되어 있습니다. 육이 마귀가 지배하는 영역이기 때문입니다. 그러므로 영적전쟁은 오직 영으로만 싸워야 육을 이길 수 있는 법입니다. 일본이 걸어오는 싸움에 육적으로 맞서 싸우면 반드시 독도를 빼앗기게 되어 있습니다. 오직 회개와 순종과 용서와 사랑으로 임할 때 승리하고 독도를 지킬 수 있게 되는 것입니다.

"종말로 너희가 주안에서와 그 힘의 능력으로 강건하여지고 마귀의 궤계를 능히 대적하기 위하여 하나님의 전신갑주를 입으라 우리의 씨름은 혈과 육이 아니요 정사와 권세와 이 어두움의 세상 주관자들과 하늘에 있는 악한 영들에게 대함이라" (에베소서 6장10-12절)

〈샤론의 꽃〉

원제는 〈예루살렘에 핀 샤론의 꽃〉인데, 줄여서 샤론의 꽃으로 유튜브에 올려져 있기도 합니다. 이스라엘과 한국

사이에 유사점이 많음은 그동안 교계에 잘 알려진 사실이지요. 그런데 저는 10차례나 이스라엘을 방문하면서 현장을 통해 그 사실을 실감 할 수 있었습니다. 예루살렘에 있는 여러 메시아닉 교회들을 가보았는데, 유독 한국인 사역자들이 메시아닉 사역자들과 함께 동역하고 있는 것이었습니다. 로마서 9장과 10장에 기록된 말씀에 의하면, 호세아와 이사야와 모세가 다 백성 아닌 자를 백성이라 부르고, 구하지 아니하고 문의하지 않은 자들에게 찾은바 되며 나타났노라 라고 기록하고 있는 것입니다.

그런데 여기서 백성의 단어가 복수가 아니고 단수로 쓰여 있어, 한 백성을 의미했을 것으로 볼 수 있는 것입니다. 성경학자들은 백성을 이방교회 전체로 해석하지만, 하나님은 항상 작고 약한 자를 들어 크고 강하게 사용하시는 것이며, 또 이방교회 전체라는 막연하고도 방대한 도구를 사용하시기 보다는, 한 민족의 구체적이고도 제한된 도구를 사용하신다고 볼 수 있는 것입니다. 따라서 사도바울이 기록한 백성은 한국일 가능성이 높다고 보는 것입니다. 저는 〈또 하나의 선민 알이랑민족〉을 쓰신 유석근 목사님과

친분이 있는데, 목사님이 연구하신바, 벨렉과 욕단의 후손에서 히브리민족과 우리 민족이 나왔고, 서로 형제가 된다는 설명에 동의하고 있습니다. 그렇게 제가 동의하는 이유는, 앞서도 설명 드렸듯이, 육과 영의 원리 때문입니다. 창세기에는 장자보다 차자가 축복을 받은 예들이 기록되어 있는데, 가인과 아벨, 이스마엘과 이삭, 에서와 야곱, 므낫세와 에브라임 등이 그 좋은 예인 것입니다.

여기서 장자는 먼저 난 육을 의미하고, 차자는 거듭난 영을 의미하는 것입니다. 그리고 육은 불신앙과 불순종과 실패와 파멸을 의미하고, 영은 믿음과 순종과 완성과 영생을 의미하는 것입니다.

아담과 둘째 아담인 예수님도 이 원리에 해당되고, 모세의 첫 번째 돌판과 두 번째 돌판에도 이 원리가 적용되는 것입니다.

그래서 벨렉과 욕단의 후손도 육과 영의 관계에 해당된다고 볼 수 있으며, 영의 한국이 육의 이스라엘을 돌이키는 사명이 있다고 할 수 있는 바, 이 관계를 파악한 마귀가 한국교회로 하여금 사명을 감당하지 못하게 하기 위해 철저히 육의 밑바닥에 떨어지도록 타락 시켰다고 보는 것입니다.

그러나 결국 처절한 제2 한국전쟁의 연단 또는 공산치하에 떨어지는 연단을 통해 한국교회가 다시 성결하고도 순전한 영으로 일어서게 됨으로써 형제된 이스라엘을 주님 앞으로 인도하게 된다고 저는 믿는 것입니다. 하나님의 택함과 부르심에는 후회함이 없는 법이고, 절대자 하나님의 뜻과 섭리는 반드시 이루어지기 때문인 것입니다. 그래서 순전한 영으로 돌아온 한국교회가 이스라엘이 전해 준 복음의 은혜를 갚고, 주님의 십자가 사랑을 몸소 실천해 주어 택한 백성이 돌아오게 되는 테마로 만들게 된 작품이 〈샤론의 꽃〉이었고, 유튜브에 올려져 수많은 분들이 은혜를 받게 된 것입니다. 그 영화는 미국의 최대 크리스찬 TV 채널인 TBN 을 통해 전 세계로 여러 차례 방영되었고, 세계인들의 심금을 울리는 작품이 된 것입니다.

그런데 그 영화를 촬영 할 때 메시아닉 교회에서 예배드리는 장면을 찍어야 했지만, 이스라엘에서는 여의치가 않았습니다.

LA로 돌아와 LA근교의 메시아닉 교회를 찾아 갔고, 랍비에게 잘 설명을 드렸더니 마음의 깊은 감동을 받아 흔쾌히 허락해 주셨던 것입니다. 그런데 당시 그 메시아닉 랍비와 나눈 대화에서 그만 충격을 받았습니다. 영적소경이 된교회가 복음의 빚을 갚고 있지 않아 주님의 나라가 이루어지지 못하고 있다는 것이었습니다.

 저는 복음의 은혜를 갚는다는 정도로만 생각하고 있었는데, 그 랍비는 〈복음의 빚〉이라고 표현한 것입니다. 그래서 그 빚에 대해 깊이 생각해 보니 과연 빚이 맞다고 판단하기에 이른 것입니다. 초대교회는 유대인 크리스찬들인 제자들과 사도들에 의해 세워졌고, 그들이 다 생명을 내어 주는 피흘림의 희생과 사랑을 통해 복음이 이방으로 전해졌던 것입니다. 그리고 복음이 이방을 돌고 돌아 시온으로 들어가게 될 때에 그 빚이 갚아져야 하는 것인데, 그 빚은 말로만 갚는 것이 아니라, 생명을 주는 피흘림의 희생과 사랑인 것입니다. 그 놀라운 깨달음에 저는 가슴이 메어졌습니다.

 그동안 수많은 이방교회의 선교사들이 이스라엘에 찾아가 그들의 메시야가 예슈아임을 전했지만, 아직 그들의 마음을 열지 못하고 있는 것입니다. 교회가 그들에게 가한 가혹한 핍박이 그들의 마음을 닫게 하였고, 완강히 마음의 문을 열려고 하지 않는 것입니다. 그러나 결국은 빚이 갚아져야 하는 것이 영적 법칙이며, 그 길만이 그들의 영적 눈을 뜰 수 있게 하고 마음의 문을 열게 할 수 있다고 보는 것입니다. 마태복음 23장 39절은 이렇게 기록하고 있습니다.

"내가 너희에게 이르노니 이제부터 너희는 찬송하리로다 주의 이름으로 오시는 이여 할 때까지 나를 보지 못하리라 하시니라" (마23장39절)

이 말씀은 십자가로 나가시기전 자신을 배척 처형 할 자기 백성에게 하신 말씀인데, 엄밀히 말하면, 산헤드린공회에게 하신 말씀이었습니다. 산헤드린공회가 회개하고 돌아와 예수님을 영접하고 다시 오시도록 초청해야 주님이 오신다는 것입니다. 주님을 배척 처형한 주체인 산헤드린공회가 회개치 않는데 어찌 주님이 오실 수 있겠는지요? 그건 하나님의 자존심에 관한 문제인 것입니다. 이스라엘이 멸망당하면서 해체되었던 산헤드린공회가 2004년 예수님 당시와 동일한 71인의 멤버로 재결성되었고, 동일한 권위와 영향력을 행사하고 있는 것입니다. 그들은 가장 완고하고 완악한 유대주의의 골수분자들입니다. 그들을 회개케 하여 예수님을 영접케 한다는 것은 그야말로 Mission Impossible입니다.

그러나 하나님께는 불가능이 없으시며 하나님은 하실 수 있는 것입니다. 그래서 그들의 마음 문을 열기 위해 말로만은 불가능한 것이며, 피흘림의 희생과 사랑이 갚아질 때에만 가능한 것입니다. 그런데 오늘날 이 세상에서 이스라엘 민족을 위해, 그리고 완악한 산헤드린공회를 위해 피흘림의 희생과 사랑을 줄 수 있는 민족이 어디에 있겠습니까? 오직 형제된 한국교회에 의해서만 가능한 것입니다. 샤론의 꽃(Rose of Sharon)은 무궁화입니다. 무궁화가 우리의 나라꽃이 된 것은 우연이 아닙니다.

무궁화 꽃을 들여다보면, 심장이 터지면서 피가 퍼지는 모양을 하고 있습니다. 바로 순교자의 사랑을 나타내고 있는 것입니다. 저는 순천의 정원 박람회를 찾아가 보았을 때

관광지도에 소개되어 있는 기독교 박물관에 찾아갈 감동을 받았습니다. 매산동에 있는 그 박물관을 찾아 갔을 때 왜 주님이 감동을 주셨는지 알 수 있었습니다. 손양원 목사님은 여수의 애양원을 섬기고 계셨지만, 두 아들이 학교를 다니다가 반란사태가 일어나 총살당한 곳은 순천이었습니다. 두 아들을 총살한 자를 아들로 삼은 손양원 목사님의 〈사랑의 원자탄〉책을 자세히 읽어 보게 되었습니다. 그리고 놀라운 사실을 발견했습니다. 손 목사님이 원수를 아들로 삼게 되기까지의 모든 과정에는 처음부터 끝까지 강권하신 하나님의 손길이 있었던 것입니다. 그러니까 손 목사님은 순종만 하셨을 뿐이고, 하나님이 그 불가능을 이루신 것입니다. 그렇다면 손 목사님 한분만 위대한 사랑의 종이 되라고 그런 기적을 베푸셨을까요? 아니지요.

마지막 때에 한국교회의 모든 종들과 성도들이 다 손 목사님 처럼 사랑의 화신이 되고, 사랑의 원자탄이 되라고 그 기적을 베풀어 주셨던 것입니다.

비참했던 피난시절의 어느 날, 장화를 사달라고 어머님께 졸랐는데, 어머님은 고린도전서 13장을 암송하면 사주

겠다고 조건을 거셨습니다. 그때 암송했던 그 사랑의 장은 제 일생동안 늘 제 마음을 떠나지 않았습니다. 주님은 지난 1년 동안 부산에서 생활하게 해주셨는데, 부산의 많은 전쟁의 흔적을 찾아다니면서, 그처럼 주님이 전 세계로 하여금 한국을 위해 희생과 사랑을 부어주게 하여 일어서게 해주셨는데도, 어떻게 그처럼 쉽게 그 은혜를 망각하게 되었는지 주님의 슬퍼하시는 마음을 알게 해주셨습니다.

오늘날 한국교회는 종교의 영에 사로잡혀 있는데, 종교의 영은 마귀의 영으로서, 주님께 대적하고 반역하는 영이며, 한국교회는 이를 망각한 채 주님을 사랑한다고 믿는 착각과 도취에 빠져 있는 것입니다. 그래서 기회가 주어질지는 모르겠지만, 손양원 목사님의 스토리를 한국교회가 전 세계를 향해 진정한 그리스도의 사랑을 부어주는 내용으로 영화를 만들어 보고 싶은 소원이 있는 것입니다.

저는 유튜브 동영상을 찍기 위해 전국 곳곳을 누비고 다녔는데, 놀라운 사실을 발견하게 되었습니다. 전국의 여러 곳에 님을 간절히 기다리는 여인상들이 세워져 있음을 발견한 것입니다. 정선에서 더 들어가면 아우라지라는 곳이 있는데, 벌목을 하여 뗏목을 타고 한양으로 떠난 님을 간절히 기다리는 청순한 여인상이 세워져 있습니다. 저는 그 모습에서 다시 오실 주님을 간절히 기다리는 신부의 모습을 보았습니다. 춘천 소양강에도 갈대를 손에 들고 오실님을 기다리고 있는 처녀상이 있습니다. 사천의 삼천포에도 먼 바다를 바라보며 님을 기다리는 처녀상이 있습니다.

울산의 간절곶에 가면, 돌아오실 남편을 아이들과 함께 기다리는 부인의 상이 서 있습니다. 저는 그 여인상들을 보면서 우리 민족에게는 다시 오실 주님을 간절히 기다리는 DNA가 있다고 보았습니다. 그러나 그 어떤 여인상들보다도 가장 대표적인 예는 두말 할 나위없이 춘향이지요.

오래전 남원의 광한루에 찾아 갔을 때 춘향관 내부에 춘향전의 하이라이트가 9점의 대형 그림으로 전시되어 있음을 보았습니다. 지금은 동영상으로 대체되었지만, 그 그림들을 처음 보았을 때 고대 이스라엘의 혼인 풍습과 일치한다는 놀라운 사실을 발견했던 것입니다. 저는 샤론의 꽃인 무궁화를 주님이 우리 민족에게 주셨듯이, 춘향전도 주셨다고 믿습니다. 그러나 한국교회는 불행하게도 춘향이 처럼 절개를 지키지 못했습니다.

그 짧은 기간 동안도 인내하지 못하여 세상으로 나가 세상과 짝하고 벗하면서 두 주인을 섬기는 간음죄를 범하였습니다. 춘향이가 변학도의 유혹을 뿌리치지 못하고 질펀하게 놀아난 셈이 되었습니다. 어느 작가가 춘향전을 개작하여 춘향이가 절개를 지키지 않고, 변학도와 질펀하게 놀아난 내용으로 변개했다면, 아마 돌에 맞아 죽었을 것입니다. 그러나 한국교회는 춘향전을 변개하여 지독한 간음죄를 범한 것입니다.

춘향이는 더럽혀졌고, 망신창이가 되었습니다. 그런 춘향이를 이도령이 맞아줄까요? 아마도 발로 차버리겠지요? 그러나 주님은 망신창이가 된 한국교회라도 철저히 회개하고 돌아오면 다 용서하고 받아주며, 사명을 감당케 해주시겠다는 것입니다.

충북 괴산의 칠성리에 가면 미선나무 마을이 있습니다. 해마다 4월의 유월절 즈음에 미선나무꽃 축제가 그 곳에서 열립니다.

미선나무는 전 세계에서 우리나라에만 자라는 희귀종입

니다. 키도 낮고 꽃도 작지만 깊은 향기를 품고 있고 서로 뭉쳐서 피는 흰꽃 입니다. 철저히 낮아진 한국 성도들이 적은 능력으로 함께 뭉쳐 그리스도의 향기를 전 세계에 전하는 의미로 깨달아졌습니다.

강원도 봉평에서는 매해 8월에 〈메밀꽃 필 무렵〉의 축제가 열립니다. 메밀꽃이 온통 들을 하얗게 뒤덮습니다. 메밀꽃은 미선나무보다도 더 키가 작습니다. 그러나 메밀꽃에서 나오는 메밀은 귀한 음식입니다. 국수, 묵, 전병, 만두도 해먹고, 밥에도 섞어 먹습니다. 희생과 사랑으로 우리 백의민족이 전 세계를 뒤덮게 되는 의미로 깨달아졌습니다. 그러나 사랑의 화신이 되고, 사랑의 원자탄이 되어 그리스도의 사랑으로 이 세상을 정복하기 위해 한국교회와 한국민족은 또 한번의 처절한 연단을 통과하지 않으면 안됩니다. 지금의 상태로는 어림도 없기 때문입니다.

저는 요나서를 읽을 때 한 가지 의문점이 있었습니다. 니느웨의 그 악한 사람들이 요나의 경고를 들었을 때 어째서 돌로 쳐 죽이거나 감옥에 가두지 않고, 그처럼 즉각적으로 회개를 했을까하는 의문이었습니다. 이스라엘에 전해져

내려오는 전설을 통해 이 의문이 풀렸습니다. 요나가 고래의 뱃속에서 철저히 회개하는 동안 위에서 흘러나온 위액으로 말미암아 얼굴이 녹아내려 흉측한 흉물이 되었고, 그 몰골을 본 니느웨의 사람들이 자신들도 그렇게 될까봐 즉각 짐승에서부터 왕에 이르기까지 모두 철저히 회개했다는 것입니다. 그리고 철저히 회개한 도구를 통해서만 회개의 역사가 일어나는 원리도 작용했을 것입니다. 한국이 심판을 받게 되는 것은 기정사실입니다. 평화는 곧 깨지고, 핵과 생화학무기가 사용되는 전쟁이 터질 수도 있고, 아니면 공산치하에 떨어져 극심한 고난을 받게 될 수도 있습니다. 어느 쪽이든 흉측한 모습으로 밑바닥에 주저앉게 될 것입니다. 그러나 절대 포기하지 말고, 전지전능하신 사랑의 하나님만을 신뢰 의뢰하는 믿음으로 다시 일어나야만 하는 것입니다.

그러나 지금 이 시점에서 미리 포기하여 환난기에 남으려 해서는 안됩니다. 앞서 오르바인 한국교회가 어서 속히 베들레헴으로, 가나안으로 달려가야 함을 말씀드렸는데,

절대 오랜 시간이 걸리는 문제가 아닌 것입니다. 한국교회는 그동안 말씀 공부를 잘 해왔고, 어쨌든 신앙생활을 열심히 해온 만큼, 휴거신앙으로 전환되는 데에 단 하루라도 가능합니다.

1) 우선 두 주인을 섬겼던 세상을 버리고, 오직 주님께로 가겠다는 확고한 결단과 의지를 보여야 합니다. 하나님은 인간에게 자유의지를 주셨기 때문에 스스로 선택해야 하는 것입니다.

2) 예수님의 거룩한 보혈을 의지, 적용하여 철저한 회개를 해야 합니다.

3) 마음으로 주님께 올인 해야 합니다. 이단처럼 재물을 정리하라는 말이 아닙니다. 마음속에 오직 주님에 대한 사랑으로 가득 차고, 그 어떤 다른 것들이 마음을 차지하지 않도록 올인 해야 된다는 것입니다.

4) 자아를 죽여야 합니다. 아담과 하와가 타락 할 때 하

나님과 같이 될 수 있다는 기만에 속아 자아가 들어오게 됨으로 모든 죄악의 근원이 되었던 것이며, 자아가 죽지 않으면 여전히 마귀의 영향력 아래 있는 것으로서, 죄 없는 하와로 회복되지 못하는 것입니다. 부활은 죽은 사람에게만 해당되는 것이며, 죽지 않은 사람에게 부활은 해당되지 않는 것입니다. 변형도 마찬가지입니다. 이것이 영적 원리입니다. 로마서 6장 5절의 말씀입니다.

"만일 우리가 그의 죽으심을 본받아 연합한 자가 되었으면 또한 그의 부활을 본받아 연합한 자가 되리라" (롬6장5절)

그러므로 신앙생활을 잘 하고 있는 성도라면, 단 하루만에라도 깊은 기도를 통해 주님과의 사랑의 관계를 회복하면서 이상의 조건들을 충족시킬 수 있는 것입니다. 지금은 실로 계시록 12장에 기록된 바, 붉은 용이 해산되는 아이를 삼키려는 시점입니다. 더러는 해산되는 남자아이를 예수님으로 해석하고 신부가 아니라고 하지만, 신부가 맞습니다.

1) 계시록은 순서대로 쓰여 있긴 하지만, 중간 중간에 재정리하는 독립적인 장이 삽입되어 있는데, 12장이 그런 경우입니다.

2) 계시록은 예수님이 장래의 될 일을 교회에게 전해 준 말씀인데, 과거에 있었던 자신의 탄생에 대해 말씀하셨을 리가 없는 것입니다.

3) 에베소서 4장 4절-7절은 성도를 아들 즉 남자아이로 칭하고 있는 것입니다.

4) 해산하는 여인은 이스라엘인데, 이스라엘이 어떻게 이방 신부를 낳겠느냐 라고 하실 분들이 계시겠지만, 교회는 유대인 크리스찬들로부터 시작되었고, 돌감람나무가 참감람나무에 접붙임을 받은 것입니다.

이번의 남북정상회담으로 평화가 오는 것처럼 보이는 것이 곧 환각이요, 붉은 용이 삼키려고 혼미의 연막을 치는 것입니다. 그러므로 이럴 때에 정신을 바짝 차리고 삼켜지지 말며, 아버지의 보좌 앞으로 끌어 올려 지도록 전력을 다해야 하는 것입니다. 그러나 만에 하나 남았을 경우, 즉각 철저히 회개해야 합니다. 환난기 동안에는 이루 헤아릴 수 없는 수많은 사람들이 어느 순간 죽음을 맞게 될 수 있음으로, 회개의 기회를 놓치고 죽어 음부에 떨어져서는 절대 안되는 것입니다. 그리고 짐승의 표는 절대 받아서는 안됩니다. 말씀은 절대적이며 예외가 없습니다. 짐승의 표를 받으면, 반드시 영원한 형벌에 떨어지게 된다는 말씀은 절대적임을 명심해야 하는 것입니다.

"만일 누구든지 짐승과 그의 우상에게 경배하고 이마에나 손에 표를 받으면 그도 하나님의 진노의 포도주를 마시리니 그 진노의 잔에 섞인 것이 없이 부은 포도주라 거룩한 천사들 앞과 어린 양 앞에서 불과 유황으로 고난을 받으리니 그 고난의 연기가 세세토록 올라가리라 짐승과 그의 우상에게 경배하고 그 이름의 표를 받는 자는 누구든지 밤낮 쉼을 얻지 못하리라" (계시록 14장9-11절)

에필로그

1983년 봄에 이스라엘을 방문함으로써 시작된 35년간의 긴긴 사역을 통해 제가 깨우친 바를 가장 진실하고도 진지하게 이 책에서 압축하여 전했습니다. 종교적이 아닌 주님과의 Personal한(개인적인) 1 : 1의 관계와 친밀하고도 깊은 사랑을 회복하시면서 올인 하시어 준비되시고, 영화로운 몸으로 변형되는 그 엄청난 복과 영광을 누리게 되시기를 바라는 간절한 소망입니다. 그러나 한편 적지 않은 분들이 "또 휴거 타령이다" "지금이 어떤 시대인데 그런 시대에 뒤떨어진 메시지를 또 들고 나와 혼란을 유발 시키는가" "우리 목사님은 그런 책 읽지 말라고 하시더라" 등의 반응을 보이실 수도 있을 것입니다. 그러나 말씀은 시대를 초월하여 영원불변하시며, 천지는 없어질지언정 말씀의 일점일획이라도 없어지지 아니하고 다 이루어지는 것입니다. 그리고 한국교회 성도들은 목회자를 하나님이나 말씀 보다 우선시하며 맹신하는 경향이 있어 문제입니다.

휴거는 성경에 기록된 말씀 중에서 성도들이 누릴 수 있는 가장 영광된 사건입니다. 특히 사도바울이 휴거복음을 기록했는데, 그는 다메섹으로 가던 중 빛으로 나타나신 주님을 만났고, 그 후 아라비아의 시내산에서 주님과 많은 날들을 보낸 것으로 성경학자들은 설명합니다. 그래서 그는 갈라디아서 1장 11절-12절에서 이렇게 기록하고 있는 것입니다.

"형제들아 내가 너희에게 알게 하노니 내가 전한 복음이 사람의 뜻을 따라 된 것이 아니라 이는 내가 사람에게서 받은 것도 아니요 오직 예수 그리스도의 계시로 말미암은 것이라" (갈1장11~12절)

그리고 그는 삼층 천을 방문하여 사람의 말로 이루 표현할 수 없는 영광과 깊은 비밀을 직접 접한 인물인 것입니다. 한편 그런 그가 로마서 7장 24절에 기록된 바와 같이, **"오호라 나는 곤고한 사람이로다. 이 사망의 몸에서 누가 나를 건져내랴"** 라고 몸부림쳤던 것입니다. 인간은 자기가 온전히 죽어 성령님에 의해 소유되고 사로잡히지 않는 한 사망의 법에 의해 지배되며, 다 거짓되는 것입니다. 그러므로 인간들이 머리를 굴려 하나님을 도외시하고 이루는 평화는 절대 이루어지지 않음을 명심해야 하는 것입니다. 하나님이 손이 짧으셔서 남북통일을 못 이루어 주신 것이 아닙니다. 다 뜻이 계셔서 허락해 주시지 않은 것입니다. 그러므로 하나님에 의하지 않은 평화와 남북통일의 추구는 오히려 심판을 불러오게 되는 것입니다. 하나님은 알파와 오메가이시고, 처음과 나중 되시며, 시작과 끝이 되십니다. 천지는 없어질지언정 말씀의 일점일획이라도 다 이루어지는 것이며, 이제 인류역사의 마지막 대단원인 계시록 시대로 진입하는 때인 것입니다.

저나 황용현 목사나 주님의 Calling을 받기 훨씬 전이었습니다. 저의 가족이 나이아가라 폭포를 관광하기 위해 카나다로 갔다가 토론토의 그 친구집에서 하룻밤 묵게 되었습니다, 그 친구는 부동산으로 성공하여 세상에서 잘 나가던 때 였습니다. 아침에 조식을 먹을 때 그의 부인이 희안

한 꿈을 꾸었다며 들려 주었습니다. 들판에 오렌지나무와 사과나무가 있는데, 광주리에 오렌지와 사과를 따서 가득 담았다는 것입니다. LA로 돌아와 영성 깊은 지인에게 그 내용을 들려 주었더니 해몽이 놀라웠습니다. 오렌지는 누루 황의 친구를 의미하고, 사과는 붉은 홍의 저를 의미하며, 주님이 우리를 통해 많은 열매를 거두시겠다는 뜻이라는 것이었습니다. 그 후 황용현 목사님은 전 세계적으로 주의 종들을 키워내는 유명한 신학자와 목회자가 되었고, 저는 영상사역자가 되었습니다. 주님은 모두를 속속들이 다 아시고 계시는 전지전능자이십니다. 다만 각자에게 자유의지를 주셨기에 애타하시며 기다리십니다. 주님께 올인하기로 마음을 갖는 순간 주님은 즉시 도와주시며 방주안으로 인도해 주십니다. 방주의 문이 곧 닫힐 위급한 때입니다.

남북정상회담이 끝나고 연합뉴스TV에 〈역사적인 11:59 첫 악수부터 작별까지〉라는 자막이 뜬 것을 보고 깜짝 놀랐습니다. 자정 1분 전임을 알리는 주님의 강권하심이 아니었을런지요?

자정은 마태복음 25장 열 처녀 비유에서 신랑이 오시는 소리가 나는 시간을 말하며, 심판이 임하는 시간을 의미하기도 합니다. 1분이 얼마의 기간일지 우리 인간은 알지 못합니다. 그러나 지금 즉시 바로 선택을 하셔야 합니다. 주님이 이 책을 시급히 펴내도록 감동을 주셨는데, 이제 곧 환난기가 시작되면 유튜브에 올려져있는 휴거와 재림의 메시지는 모두 삭제되고 통제됨으로 그동안 유튜브에 올렸던 메시지를 책으로 남겨 놓아야한다고 깨달음을 주셨기 때문입니다. 책은 남는 분들이 복사를 해서라도 읽을 수 있기 때문입니다. 5월 2일에서 4일 사이에 하와이에서 화산폭발과 함께 지진이 발생했는데, 하와이는 미국의 50번째 주로서, 마지막으로 편입된 주입니다. 미국의 한사역자는, 이 재난이 주님께서 현재 지난 초실절(부활절)로 부터 50일의 Omer Counting(오메르 세기)가 진행 중이고, 마지막 기회임을 알려주신 싸인 이라고 보는 견해를 내놓았습니다. 저도 이에 동의합니다. 육신의 눈에 보이는 먹이만을 바라보며 도살장으로 끌려 들어가는 짐승의 신세가 되어서는 절대 안 되는 것입니다. 어서 속히 종교놀음에서 과감히 뛰쳐나와 예수의 생명 안으로 올인 하시어 주님의 심장과 성품으로 한 몸을 이루는 복과 영광을 누리십시오. 〈그리스도의 수난〉에서 예수님의 역할을 연기하여 엄청난 은혜를 받았던 연기자 제임스 카비젤이 이번에는 〈바울, 그리스도의 사도〉(Paul, the Apostle of Christ)라는 영화에 사도바울로 출연하였고, 미국에서는 지난 부활절에 개봉되었습니다. 한국교회가 사도바울처럼 이 마지막 때에 위대한 역사를 이루고 승리하기를 기원합니다. 모든 님들을 주님 앞에서 곧 뵈옵기를 소망합니다.

저자 올림

euibhong@gmail.com

붉은 용에 의해 삼켜지는
한국과 임박한 휴거

초판 1쇄 발행 / 2018년 5월 17일

지은이 / 홍 의 봉

펴낸이 / 강 홍 규

펴낸곳 / 노아의방주

주 소 / 서울시 중구 을지로16길 5-3 동아빌딩301호

전 화 / 02-2272-5726, 010-2728-5726

등 록 / 2018년 5월 3일(제2018-000012호)

ISBN / 979-11-963846-0-9

값 10,000원